MW01598654

Metrostation im Art-Nouveau-Stil aus der Errichtungsphase der Pariser Untergrundbahn ab 1900 am ehemaligen Stadttor Porte Dauphine

Vorhergehende Doppelseite: *Blick vom Plateau von La Défense auf den Grande Arche (Großer Bogen), das neue Wahrzeichen von Paris. Sein freihängendes Dachgeschoß hat eine Spannweite von 70 Metern, was der Breite der Prachtstraße Champs-Elysées entspricht. Der 1989 eingeweihte Bau in direkter Verlängerung der Prachtstraße Champs-Elysées beherbergt Ministerien und die Internationale Stiftung für Menschenrechte*

PARIS

Christian Prager

Robert Fleck

PARIS

Die sinnliche Weltstadt

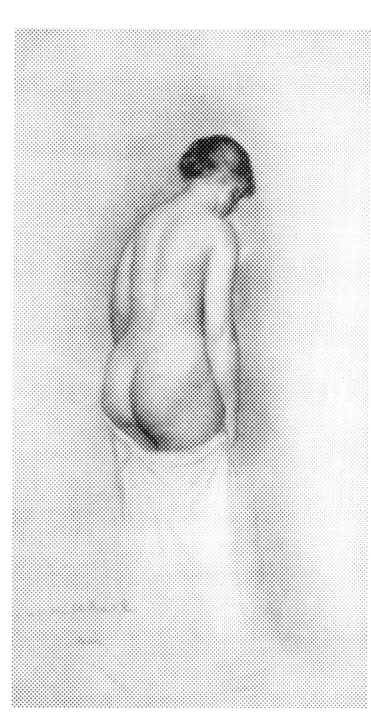

terra magica

Reich Verlag

Inhalt

Kapitel I – Seite 5
Ob Moderne oder Postmoderne
Wie das uralte Paris die Moderne immer neu erfindet

Kapitel II – Seite 9
Geniale Weltmeisterin: Wie diese Stadt Technik und
Ästhetik seit jeher zum Gesamtkunstwerk harmonisiert

Kapitel III – Seite 35
Flanier-Weltstadt mit extremen Kontrasten

Kapitel IV – Seite 45
Von den Hallen zur Kulturmaschine Centre Pompidou

Kapitel V – Seite 73
Von der Bastille zu den Grands Travaux:
Die Großbauten Ende des 20. Jahrhunderts

Kapitel VI – Seite 98
Museumsmaschine Louvre – Hauptstück des neuen Paris

Kapitel VII – Seite 110
Die beiden Seine-Ufer –
Freilichtmuseum der Geschichte par excellence

Kapitel VIII – Seite 139
Die alten Viertel noch …

Impressum Seite 168

*Sinnliche Eleganz der Pariserinnen im 19. Jh. **mit** Kleidern (oben und Seite 1)
und **ohne** Kleider (vorhergehende Seite – Aktstudie von Pierre-August Renoir)*

Ob Moderne oder Postmoderne
Wie das uralte Paris die Moderne immer neu erfindet

Wenn man heute in Paris eintrifft, traut man seinen Augen nicht. Falls man die Stadt vor zehn oder fünfzehn Jahren kannte, wird man über das Ausmaß überrascht sein, in dem alte, ehemals rußschwarze Viertel wie der Marais nach einer Rundumreinigung «herausgeputzt» wirken. Auch wenn man zum ersten Mal in dieser Stadt mit dem wohl klingendsten Städtenamen der Neuzeit, dem «modernen Rom» des neunzehnten und zwanzigsten Jahrhunderts, eintrifft und aus einer europäischen Stadt den Weg angetreten hat, ist man verblüfft. Wie in kaum einer anderen europäischen Stadt der Gegenwart sticht dem Ankommenden ein oft scharfer Kontrast zwischen stolzer, teils auch etwas zu stark aufgetragener Modernität und scheinbar uralten Gebräuchen nahezu archaischen Charakters ins Auge.

Hat die rasche Modernisierung, die Paris seit Beginn der achtziger Jahre erlebt, die Seele dieser Stadt zerstört? Diese Frage stellt sich wohl jeder Ankommende heute schon am betreffenden Bahnhof oder Flughafen. Ist das Paris der spiegelverglasten Bürobauten noch das Paris, das Generationen von Europäern, von Amerikanern und in den letzten Jahren auch von Japanern als die Kulturstadt par excellence betrachteten und suchten? Hat sich diese Stadt, die einen Fremdkörper nicht nur in Frankreich bildet, sondern

auch insgesamt in Europa, vielleicht zu rasch modernisiert? Wie vermögen diese beiden Tendenzen – traditionelle, ja archaische Züge und ein überall spürbarer Kult des Neuen – in einer Stadt nebeneinander zu existieren? Diese Fragen stellen sich heute nicht nur Feuilletonisten, sondern fast alle Besucherinnen und Besucher von Paris. Auch in den Cocktailgesprächen der Empfänge und Abendessen, die in dieser Stadt eine für den Außenstehenden kaum vorstellbare Rolle spielen, steht das Thema obenan: «Ach!» hört man da regelmäßig in der Suche nach einem Thema, über das sich immer ein Gespräch anknüpfen läßt: «Früher war Paris doch sehr anders, bunter, volkstümlicher und viel lebendiger.» Was an diesem Gerücht stimmt oder nicht stimmt, das sich seit Jahren hartnäckig hält, will dieses Buch nachprüfen. Wie kommt es, kann man sich heute rechtmäßig fragen, daß eine so uralte Stadt wie Paris, die aus verschiedenen Gründen – wie wir im folgenden sehen werden – ein auf dem europäischen Festland einmaliges Gefühl der Unverletzbarkeit als eigentliches Selbstgefühl besitzt, in den letzten zehn Jahren eine solch spektakuläre Modernisierung an den Tag legte? Hat das neue Paris mit dem früheren, das man aus den Schwarzweißfotos der fünfziger Jahre kennt, noch etwas gemein? Ist Paris ein Moloch der postmodernen Architektur und ebenso ausweglosen Sozialprobleme geworden, die den alten Ruf als

«Hauptstadt Europas» verdunkeln? Diese Fragen ließen sich beliebig vermehren.

Allerdings hat Paris die Eigenart an sich, daß solche und ähnliche Fragen im Leben der Stadt wenn nicht beständig, so doch regelmäßig gestellt wurden – oft sogar mit einem noch apokalyptischeren Unterton. Im 18. Jahrhundert, dem Zeitalter der Manufaktur, beschrieb Sebastien Mercier in seinen «Pariser Bildern» die immer schreienderen Gegensätze zwischen reich und arm in der Seinestadt, die schließlich im Jahre 1789 zum Ausbruch der Französischen Revolution führten, als eine wahre Hölle. Im 19. Jahrhundert entstand daraus eine populäre Literaturgattung, die Paris als neuen Turm von Babel beschrieb oder gar als verweltlichte Form der im Alten Testament beschriebenen Unterwelt.

Als der Baron Haussmann in den sechziger Jahren des 19. Jahrhunderts dann ganze Stadtviertel abreißen ließ, um Platz für die quer durch Paris verlaufenden Boulevards zu schaffen und die Stadt nach den Erfordernissen des modernen Straßenverkehrs zu organisieren, erlebten dies Generationen von Einwohnern und Schriftsteller wie Charles Baudelaire und Gustave Flaubert als Zusammenbruch all dessen, was sie unter dem Namen Paris gekannt hatten – wobei gerade dieses neue Paris der Haussmannschen Reformen in unserer Vorstellungswelt heute das alte, schöne und romantische Paris darstellt, das unter der Moderne des ausgehenden 20. Jahrhunderts zu verschwinden droht. Wird, so kann man nach diesem kurzen Rückblick fragen, für die Mitte des 21. Jahrhunderts beispielsweise das wiederum «neue», rasch modernisierte Paris der letzten zehn bis fünfzehn Jahre zum Urbild werden, dessen Verschwinden man dann aufs neue beklagt? Die Wette darauf scheint zumindest erlaubt. Auf den nachfolgenden Seiten wollen wir, in Bild und Text, einen Erkundungsgang in dieses neue, in vielen Details aber so altgebliebene Paris unternehmen.

Zuvor aber schulde ich Ihnen, verehrte Leserin, verehrter Leser, noch eine kurze Bemerkung. Wer immer etwas über Paris zu Papier bringt, muß sich ein wenig erklären. Nicht nur, weil über diese Stadt in den letzten zwei Jahrhunderten wohl mehr Bücher geschrieben wurden als über jede andere Stadt unserer Zeit – auch darin ist Paris ein besonderes Phänom der europäischen Zivilisation. Sondern auch, weil das Verhältnis zu dieser Stadt nur wenige, die zum ersten Mal in Paris eintreffen, gleichgültig läßt. Was immer man über diese Stadt an Historischem erzählen mag, an pittoresken Bildern beschreiben kann und an Hintergründen aufspürt, bleibt ohne das ursprüngliche Paris-Erlebnis, die spontane

Reaktion auf diese Stadt unvollständig, die fast jeder Europäer einmal in seinem Leben durchmacht: Paris mag man auf den ersten Blick, oder man mag es nicht. Das geht übrigens nicht nur Ausländern so, sondern gerade auch den Franzosen aus der Provinz, für die Paris in den allermeisten Fällen nicht mehr und nicht weniger bedeutet als ein großes, fremdes Reich, in das sie allenfalls aus beruflichen Gründen eine Zeitlang zuziehen, aber nur sehr selten heimisch werden. Wenn man Paris auf den ersten Blick eher nicht mag, erscheint es rasch zu groß, schmutzig (vor allem auf den Bürgersteigen), zu selbstgewiß auftrumpfend oder – was man in letzten Jahren häufiger hört – ganz einfach zu modern. Auch dazu werden wir in diesem Buch eine Erklärung suchen.

So aber schuldet derjenige, der nach all dem, was über Paris geschrieben wurde, nochmals Bemerkungen über diese Stadt zu Papier bringt, dem Leser auch sein persönliches Paris-Erlebnis. Was bewegt jemanden, in dieser Stadt, über die man viel gehört hat, aber im Grunde wenig weiß, zu leben? Am Ursprung steht ein subjektives Schlüsselerlebnis, wie wohl bei allen unter den paar Tausend europäischen und amerikanischen Ausländern, die einfach nur aus Affinität in Paris leben, ohne aus beruflichen Gründen nach Frankreich gekommen zu sein: Wie bei dem bekannten amerikanischen Jazz-Sopransaxophonisten Steve Lacy, der jeden Tag um die gleiche Tageszeit an dem Bistro vorbeikommt, an dem ich meinen Café trinke. Oder der amerikanische Schriftsteller, der im selben Café ganze Nachmittage verbringt, aber nie seinen Namen verrät.

Am Anfang aber steht eine «Liebe auf den ersten Blick», wie bei einer Frau. Als ich im Juli 1974 mit mehreren Reisekameraden erstmals in Paris eintraf, fanden diese die Stadt dreckig, laut und unübersehbar. Ich dagegen fühlte mich – aus welchen Gründen, ist wohl kaum zu erschließen – mitten in der Fremde plötzlich sehr zu Hause.

Nachträglich kann man viele rationelle Gründe dafür anführen, daß man sich in Paris entgegen einer geläufigen Meinung vor allem auch sehr wohl fühlen kann: den Individualismus etwa, den diese Stadt wie keine andere als Lebensstil hochhält, und die fast dörfliche, nachbarschaftliche Organisation des Alltags in den *quartiers*. Jedenfalls suchte und fand ich in den darauffolgenden Jahren immer eine Gelegenheit, zumindest einmal für achtundvierzig Stunden in Paris zu sein, bis ich mich im März 1981 bewußt in der Stadt niederließ. Dabei kommt man dann übrigens rasch zur Schlußfolgerung, daß wohl neunzig Prozent der Einwohner von Paris mehr

oder weniger Zuwanderer sind – wie sonst unter den alten Städten nur in New York. Familien, die seit drei Generationen in Paris leben, sind in der Seine-Stadt eine echte Seltenheit. Das mag einen großen Teil der Dynamik der Stadt ausmachen, bedingt aber auch, daß ein Neuhinzukommender sich in Paris sehr rasch integriert. Er fällt als solcher gar nicht auf.

Der große amerikanische Romancier Henry James war ab 1871 in jungen Jahren als Journalist in Paris, bevor er sich in London niederließ. Jahrzehnte nach diesem Aufenthalt, der nicht lange währte, da Paris schon damals weit teurer war als London, meinte er in einem Brief, daß Paris doch etwas ganz Besonderes ausstrahle: Wer je in dieser Stadt gewohnt habe, und sei es nur für wenige Wochen, fühle sich sein ganzes Leben hindurch als Einwohner von Paris, wo immer er auch in Wirklichkeit wohne.

Diese Beobachtung trifft die Eigenart von Paris sehr genau. Die nachfolgenden Seiten versuchen dieses Gefühl zu vermitteln: Einmal eine gewisse Zeit diese Stadt nicht nur besichtigt, sondern in ihr so etwas wie gelebt zu haben. Der kritische Blick wird damit übrigens nur noch schärfer.

Geniale Weltmeisterin: Wie diese Stadt Technik und Ästhetik seit jeher zum Gesamtkunstwerk harmonisiert

Bereits wenn man heute an einem Pariser Bahnhof einfährt, sticht eine eigenartige Mischung von Modernität und Traditionalität hervor. Von Süden in den Gare du Nord bietet sich ein kontrastreiches Bild: in riesigen Bahnhofshallen, die offensichtlich aus dem 19. Jahrhundert stammen und für alte, dampfgetriebene Eisenbahnen gebaut wurden, stehen fast ausschliesslich noch hypermoderne, aluminiumprotzende TGV-Züge. Diese Hochgeschwindigkeitszüge – die ersten in Europa – verkehren seit 1981 und haben, mit dem schrittweisen Ausbau des Streckennetzes zunächst nach Westen an die Atlantikküste (1989) und dann nach Norden gegen Brüssel (1993) die Konfiguration Frankreichs mehr verändert als jedes andere Ereignis der letzten Jahrzehnte. Mit dreihundert Stundenkilometern geht es seither übers Land (gegenüber 240 beim ICE), fast der dreifachen Geschwindigkeit herkömmlicher Züge bis zu den achtziger Jahren. Lyon, die zweitgrößte Stadt Frankreichs nach Paris, ist seither nur knapp zwei Fahrstunden von der Hauptstadt entfernt, bei 470 Kilometern geographischer Distanz. Für ein Land, das eine solche geographische Ausdehnung und vergleichsweise schüttere Besiedlung besitzt wie Frankreich – das flächenmäßig größte Land Europas zählt mit rund fünfzig Millionen Einwohnern dreißig Millionen Seelen weniger als das wiedervereinigte Deutschland – bedeutet ein solches Transportmittel zwischen den weit auseinanderliegenden Großstädten eine Revolution: Der Zug ist seit 1981 auf den TGV-Linien schneller als das Flugzeug, denn Abfahrt und Ankunft ereignen sich für den Reisenden mitten in der Stadt, in den modernisierten Bahnhöfen.

«TGV» bildet die Abkürzung für «Hochgeschwindigkeitszug» *(Train à Grande Vitesse)*. «Diese neue Technologie wird das Leben verändern, da der TGV auf mittlere Distanzen schneller ist als das Flugzeug und wie der Zug für jedermann erschwinglich bleibt», lauteten die Werbeslogans vor der Inbetriebnahme der ersten Hochgeschwindigkeitslinie zwischen Paris und Lyon. Für solche Klänge sind Franzosen und mehr noch die Einwohner von Paris – was bei weitem nicht das Gleiche ist – überaus empfänglich. «In Paris ist man hoffnungslos verliebt in das Neue», beobachtete schon Charles Baudelaire, der bedeutendste französische Dichter des 19. Jahrhunderts neben Rimbaud, der übrigens auch 'hoffnungslos' verliebt in Paris war und bisweilen fast ein Stadtstreicher schien, so sehr genoß er das Spazierengehen und Durchstreifen von Paris, für das die Stadt bis heute so destiniert bleibt wie kaum eine andere Großstadt. Die englischen Unternehmer, die damals im 19. Jahrhundert in ganz Europa die ersten Eisenbahnen bauten, fanden für diese Eigenart der französischen Mentalität ei-

*Eröffnungs-
fahrt der
Eisenbahn
Paris-Orléans
im Jahre 1843*

nen bis heute gültigen Ausdruck: «Den Deutschen muß man an der Eisenbahn das Nützliche erklären, um sie ihnen zu verkaufen. Den Franzosen dagegen muß man die Technik wie ein Spielzeug vorführen – dann sind sie entwaffnet.»
Noch heute besitzt Paris die wohl kurioseste Doppeleisenbahnlinie dieser Frühzeit des Massenverkehrs in der ersten Hälfte des 19. Jahrhunderts: Wenn man mit öffentlichen Verkehrsmitteln zum Schloß von Versailles fünfzehn Kilometer westlich von Paris fahren will, hat man die Wahl zwischen zwei Linien, die in Sichtweise am linken und rechten Seineufer entlanglaufen. Um die damals revolutionäre Technik der Eisenbahn in Frankreich bekanntzumachen, hatten englisch dominierte Konsortien nämlich keinesfalls eine nützliche Linie gebaut, wie in Deutschland zwischen Nürnberg und Fürth, sondern die sonntägliche Ausflugsstrecke gleich doppelt beiderseits der Seine mit konkurrenzierenden Privatbahnen be-

stückt, deren Geschwindigkeitskonkurrenz täglich in der Tageszeitung stand. Bis heute sind die Franzosen, und mehr noch die Bewohner von Paris, Leute geblieben, die wie Kinder entwaffnet vor technischen Neuerungen und anderen Modernisierungen dieser Art sein können. Auch dieser Wesenszug erklärt vieles an der heutigen Modernität dieser Stadt.
Die schnellen Züge veränderten nicht nur die Geographie Frankreichs, sondern ebenso auch das Erscheinungsbild der Bahnhöfe von Paris, auf die die städtischen Verkehrsadern der Stadt noch heute in jenem besonders herausgehobenen symbolischen Stellenwert zulaufen, den ihnen die Stadtplaner der zweiten Hälfte des 19. Jahrhunderts gaben. In den schönsten alten Bahnhofshallen von Paris stehen nicht nur die hypermodernen Züge an den Bahnsteigen, die wie aus einem anderen, neuen Zeitalter stammen. Auch die zuvor ehrwürdige, verstaubt wirkende Halle des Gare du

*Gare du Nord
(Nordbahnhof)
im 19. Jh.*

Nord, in dem man aus Brüssel und dem nördlichen Teil Deutschlands ankommt, wurde mit einer solch aufwendigen Runderneuerung bedacht und mit Lichteffekten versehen, daß ein früherer Reisender den Bahnhof heute wohl kaum noch wiedererkennt – obgleich die Bausubstanz unberührt blieb.

Architektonisch ist der Gare du Nord ein Schlüsselbeispiel für die Idee und die Form der Modernität, die dem neuen Paris seit den späten siebziger Jahren sein heutiges Stadtbild gab. Wie auch bei den etwas älteren Bahnhofshallen in Köln,

Frankfurt und Zürich war die mächtige Glas-Eisenhalle des Gare du Nord bis vor kurzem nachts ein stockdunkles, etwas bedrückendes Ungetüm. Staub und Luftverschmutzung des Industriezeitalters belegten die einst wegen ihrer Helligkeit und Transparenz gefeierte Glasfläche des Daches mit einer dicken Rußschicht. Zur Eröffnung der dritten TGV-Linie nach Nordeuropa, die seit Jahresbeginn 1995 mit dem britisch-französischen Hochgeschwindigkeitszug «Eurostar» in knapp drei Stunden auch nach London führt, brachte man seit 1993 innerhalb der ältesten europäischen Bahnhofshalle mit Großspannweite eine Beleuchtungsinszenierung an, wie sie zuvor an den spektakulären Neubauten aus der Amtszeit des sozialistischen Staatspräsidenten Mitterrand (1981-1995) erprobt wurden, vor allem an der nachts wundervoll angestrahlten Glaspyramide des Grand Louvre. Mit dieser aufwendigen nächtlichen Ausstrahlung von innen aber gab man sich im Fall des Gare du Nord nicht zufrieden. Die gesamte Bodenebene des 1863 eingeweihten Bahnhofs wurde im Zuge der Umgestaltung der letzten Jahre ganz einfach ausgetauscht, mit neuen Bahnsteigen aus Schmuckbeton versehen, mit offenen Zwischenetagen, die zuvor verbaute Teile des Bahnhofs freimachen, usw. Kurzum: Mit Ausnahme der architekturgeschichtlich bedeutenden Hallenkonstruktion wurde der Bahnhof abgerissen und das gesamte Gebäudeinnere neu gebaut – eine Vorgangsweise der «Entkernung», die wir noch mehrfach an den berühmten Grands Travaux beobachten werden.

«Wurde in diesem Fall nicht zu viel modernisiert?», mag sich manch alter Kenner dieser Stadt fragen. In mancher Hinsicht muß man dies wohl bejahen. Der berühmte Ruß von mehr als hundert Jahren, der die Bahnsteige des Gare du Nord selbst an sonnigen Tagen in eine düstere Stimmung tauchte, ist verschwunden. Viele traditionelle Paris-Besucher sind schon bei dieser Begegnung mit dem neuen Paris erstaunt, da sie die

traditionell etwas verstaubte Atmosphäre der Seine-Stadt vergeblich suchen. Statt dessen aber ist die wunderschöne Glas-Eisen-Halle über dem Bahnhof, die mehr als sechzig Meter überspannt und als Technikwunder und bedeutendes architektonisches Zeugnis des 19. Jahrhunderts gilt, zum ersten Mal seit vielen Jahrzehnten wieder im Detail zu sehen. Dazu ist der Bahnhof auch noch benützerfreundlich und funktionell – wenn auch ohne jene Patina aus Schmutz, dem grauen Sandstein der Stadt und spezifisch französischer Négligeance, die das «alte» Paris noch vor wenigen Jahren ausgemacht hatte.

Verläßt man diese «Modernitätszonen», die Paris in den letzten fünfzehn Jahren erhielt – die neu ausgestatteten Flug- und Bahnhöfe wie die Stätten der Grand Travaux, die wir noch besuchen werden, vom runderneuerten Louvre-Museum mit der berühmten Glaspyramide bis zum monumentalen Grande Arche in La Défense am Horizont der Paradestraße der Champs Elysées –, so stößt dem Besucher ins Auge, daß sich die Stadt so sehr auch wieder nicht verwandelt hat. Die alte Patina, mit der man Paris zu Recht assoziiert, gibt es immer noch. Es genügt zum Beispiel, gleich neben dem Nordbahnhof den etwas älteren Gare de l'Est aufzusuchen, der als ältester noch erhaltener Bahnhof Europas eisenüberdachte Bahnsteige und eine überspannte Ankunfts- und Abfahrtshalle aufweist. Eröffnet wurde er 1855 mit einer spekta-

Gare de l'Est (Ostbahnhof) im 19. Jh.

kulären Fassade als Endpunkt des ersten modernen Boulevard von Paris, des Boulevard Sebastopol. Doch seit Umbauten bis 1931 wurde an dem Gebäude so gut wie nichts mehr renoviert oder erneuert, wie in Paris so oft, bevor man die Wiederinstandsetzung dann um so durchgreifender und radikaler angeht. Wenn man einen Eindruck haben will, wie Paris fast insgesamt noch Anfang der achtziger Jahre aussah, ist der Ostbahnhof ein mehr als sprechendes Beispiel. Auch in den umliegenden Straßen und auf dem Platz selbst vor dem frisch renovierten Nordbahnhof hat man den Eindruck einer relativen Überlassenheit an die Abnützungsarbeit der Zeit, die in anderen Städten deutlich weniger «kultiviert» wird als in Paris.

Bei einem solchen augenscheinlichen Vergleich verschiebt sich auch das Gewicht des «alten», romantischen Paris zum «neuen» Paris der frisch herausgeputzten französischen Metropole. Vieles was dem Besucher im Paris noch der sechziger und siebziger Jahre so sympathisch schien, wie das typische Pariser «Grau», das sich von Fassade zu Fassade zog und oft mehr reines Rußschwarz war als eine bewußt gewählte Farbe, war eben auch Ausdruck einer auffallenden wirtschaftlichen Zurückgebliebenheit der Stadt, ebenso wie der Armut und bescheidenen Lebensverhältnissen sehr vieler Bewohner.

Die über Jahrzehnte hinweg unveränderten Straßenbilder von Paris, die den Reiz der Stadt bis in die frühen achtziger Jahre hinein ausmachten, ergaben sich ja nicht zuletzt durch eine im Verhältnis zur weltweiten kulturellen und künstlerischen Ausstrahlung der Seine-Metropole überraschende wirtschaftliche Unterentwicklung, die ab der Zwischenkriegszeit für mehrere Jahrzehnte währte und erst ab dem ersten großen Modernisierungsschub unter Staatschef de Gaulle und seinem Premierminister Georges Pompidou in den sechziger Jahren allmählich verschwand.

Ein anderer Wesenszug der Stadt an der Seine, der unmittelbar ins Auge sticht, ist die verblüffende Harmonie der Straßenfronten. Damit steht Paris wohl einzigartig unter den modernen Städten des 19. und 20. Jahrhunderts da. Fast jede Straße des historischen Paris, das heute durch den Stadtautobahnring von den Vorstädten, den sogenannten *banlieues,* getrennt wird, besteht aus Häusern einheitlicher Bauart, wenn auch individueller Ausführung. Kein einziges Gebäude in gleichwelcher Straße, die Paris in den historischen Bezirken durchzieht, besteht aus mehr als vier bis fünf Stockwerken plus daraufgesetzter Mansarde, dem traditionell mit Kleinwohnungen vollgeschichteten Dach, wobei das Dachgeschoß dezent zurücktritt. Die unteren Stockwerke sind meist mit schmalen Balkonen ausgestattet, so daß auf den breiteren Boulevards und Avenuen der Augeneindruck entsteht, daß die gußeisernen Balkongitter scheinbar die gesamte Straße als horizontale Linien entlanglaufen, was die Fluchtlinien der meist geraden Straßenführung noch unterstreicht.

Der harmonische Eindruck verstärkt sich dadurch, daß die Häuserfronten entweder unverputzt oder «sandsteinfarbig» gestrichen sind, wodurch die hellen Graustufen des Sandsteins hervortreten, aus dem man vom 12. bis zum späten 20. Jahrhundert nahezu unendliche Bauvorhaben an der Seine bestritt. Die Blöcke aus diesem typischen Sandstein von Paris kamen seit jeher, von der Errichtung von Notre-Dame (1163 bis 1330) bis zur Renovierung des Louvre in den letzten Jahren, aus nahegelegenen Steinbrüchen flußauf- und flußabwärts an der Seine.

Es ist dieses harmonische, einheitliche und dabei in den Einzelformen überaus unterschiedliche Straßenbild, das Besucher wie Einwohner spontan einnimmt, sobald man die Straßen entlangfährt oder -geht.

Wenn man heute sagt, Paris sei «eine der schönsten Städte der Welt», so meint man zuallererst diese städtebauliche Harmonie der Gebäude, die übrigens durch das «Großreinemachen» der Pariser Modernisierung der achtziger Jahre noch viel deutlicher hervortritt. Wer in dem Straßengewirr von Paris über Jahre oder Jahrzehnte wohnt, arbeitet und zu Hause ist, beachtet diese Ungebrochenheit des Straßenbildes bald kaum noch. Erst anläßlich eines Spaziergangs mit Freunden, die als Besucher in die Stadt kommen, oder bei der Rückkehr aus London oder Berlin, den anderen europäischen Metropolen, mit denen Paris seit zweihundert Jahren eine unausgesprochene Konkurrenz austrägt, wird selbst dem Einwohner von Paris diese Eigenart des Stadtgebildes an der Seine wieder bewußt: Irgendwie scheint alles wie von einer einzigen Künstlerhand gezeichnet, und dabei sehr individuell. Woraus besteht dieses Geheimnis von Paris? Städtebaulich ist es rasch erklärt: Zuallererst ist Paris die am wenigsten kriegszerstörte Stadt des 20. Jahrhunderts in Europa. Bekannt ist die Befehlsverweigerung des damaligen deutschen Stadtkommandanten gegenüber einer Weisung, Paris im Sommer 1944 in Schutt und Asche zu legen, als ein gut organisierter Aufstand dabei war, knapp nach der Landung der Alliierten an den flachen Stränden der Normandie in einer Art «wiederaufgeführten Französischen Revolution» die deutschen Besatzer auch aus Paris selbst zu vertreiben. Es gab bei dieser «Erhebung» von Paris gegen die Fremdherrschaft fürchterliche

Taten von beiden Seiten, doch zuletzt verließ die Wehrmacht die Stadt, ohne ihre Positionen bis zum Schluß zu verteidigen – als wiege die Erhaltung von Paris als Kulturdenkmal schwerer als rein militärische Zwecke. Sonst wäre die Stadt, die schon im Juni 1940 kampflos von der französischen Armee aufgegeben worden war, möglicherweise ebenso in Schutt und Asche gelegt worden wie viele andere Städte im Weltkrieg.

Die bewußte Harmonisierung des Stadtbildes dagegen ist das Werk des 19. Jahrhunderts. Schon unter der «Julimonarchie» des Wahlkönigs Louis-Philippe, die aus den revolutionären Ereignissen vom Juli 1830 hervorgegangen war (damals malte Eugène Delacroix sein berühmtes Bild «Die Freiheit führt das Volk auf die Barrikaden») und bis zur Arbeiterrevolution vom Februar 1848 hielt, errichtete

*Bürgerkönig
Louis-Philippe
(1773–1850)
präsentiert am
7. August 1830
seine neue
Verfassung*

man die damals neugebauten Viertel von den untersten Abhängen des Montmartre-Hügels bis zu den «Grands Boulevards» nach einem einheitlichen Stilmuster, das man noch heute an der biedermeierlichen Zartheit der Linienführungen und vor allem den auffälligen hölzernen Fensterläden erkennt.

1858 führte dann der damalige Stadtpräfekt des Zweiten Kaiserreichs (1853 bis 1870), der aus dem Elsaß stammende Baron Haussmann, unter Anwendung von städtebaulichen Prinzipien, die zunächst unter dem Einfluß des preußischen Reformismus im damals noch zersplitterten Deutschland erdacht worden waren, eine strenge Gebäudenorm ein, die in der Vorschrift gipfelt, das Dachgeschoß zur besseren Lichtdurchflutung der darunter gelegenen Stockwerke wie der Straßen in einem bestimmten Verhältnis zurücktreten zu lassen und vor allem eine ganz bestimmte Gebäudehöhe in keinem Fall zu überschreiten.

Das heutige Pariser Stadtbild, das vor allem aus dieser Bausubstanz des Second Empire wie des anschließenden späten 19. Jahrhunderts besteht, erhält dadurch einen einmalig einheitlichen Horizont: Eben weil alle Gebäude in den zwanzig historischen Stadtbezirken von Paris seit den Vorschriften des Baron Haussmann aus den fünfziger und sechziger Jahren des letzten Jahrhunderts eine Firsthöhe von 65 Meter nicht überschreiten, bieten umgekehrt die wenigen über diese Maximalhöhe hinausragen-

den Bauten eine besonders schöne Aussicht über die Stadt.

Die älteste «Ausnahmegenehmigung» bilden der Eiffelturm, der mit seiner Gesamthöhe von 300 Metern zunächst nur als provisorische Attraktion der Weltausstellung von 1889 entstand, und die Basilika Sacré-Cœur auf dem Montmartre-Hügel, die man noch heute besonders abends mit freiem Auge von fast allen Pariser Plätzen aus sieht.

Am Ende der Herrschaft von Napoleon III., einem Neffen Napoleons, dessen Zweites Kaiserreich im Deutsch-Französischen Krieg von 1870/71 mit der französischen Niederlage endete, ging sie aus einem Gelübde im Kriegsgeschehen hervor, wonach die neoklassizistische Basilika erst 1919, am Ausgang des Ersten Weltkriegs, eingeweiht wurde. Der damals außerhalb von Paris gelegene Hügel Montmartre erschien den Regierenden jeweils nach einschneidenden kriegerischen Ereignissen, die den sozialen Zusammenhalt der sozial stets sehr vielfältigen Bevölkerung von Paris bedrohte, als geeigneter Standort für ein aus der ganzen Stadt sichtbares Sakralmonument, während die Haussmannschen Regeln weiterhin jedem, der in Paris bauen wollte, ihre strengen architektonischen Vorschriften auferlegten.

Die von Haussmann dekretierte Maximalhöhe für städtische Bauvorhaben sollte einhundert Jahre nach ihrer Einführung, in den sechziger Jahren des 20. Jahrhunderts, zugunsten der Errichtung

Textfortsetzung Seite 33

Caféhausszene im Arbeiterbezirk Belleville. Das «populäre Paris» der Arbeiter und Handwerker ist heute zwar im Aussterben begriffen, aber noch nicht ganz verschwunden. Viele Leute der älteren Generation haben ihr gesamtes Leben im jeweiligen Stadtviertel von Paris zugebracht und frequentieren ihr Stammcafé seit Jugendtagen. «Das neue Paris», hört man sie oft sagen, «verstehe ich nicht mehr»

In Paris gibt es viertausend Cafés und Restaurants. Gemeinsames Merkmal: Nach einer alten Gepflogenheit werden die kleinen, kreisrunden Tische und dazugehörigen Stühle bei jeder Witterung und selbst im Winter auf den Gehsteigen aufgestellt. Diese «Terrassen» nach französischem Sprachgebrauch dienen ebensosehr als Hinweis auf das dahinterbefindliche Lokal wie als Gelegenheit für die Caféhausgäste, sehen und gesehen werden. Cafés und Restaurants gibt es in jeder Preis- und Stillage: Vom gemütlichen Landgasthaus auf Montmartre (oben links) über das schicke Café Costes (oben rechts), über gediegene Brasserien und Belle-Epoque-Lokale bis zu den Nobelcafés Chez Francis und Fouquet's bei den Champs-Elysées. Hier kehren reiche Araber und Filmstars ein

Das Café Costes im Hallen-Viertel, 1985 vom französischen Stardesigner Philippe Starck ausgestattet, hat die Cafés in Paris wieder in Mode gebracht. Mit vierzigtausend verkauften Exemplaren ist der «Costes-Stuhl» von Starck das erfolgreichste Designprodukt der Epoche geworden. Der Name «Costes» leitet sich vom Besitzer her, dem heute bekanntesten Vertreter der traditionell in diesem Bereich in Paris dominierenden Caféhausbesitzerdynastien aus der Auvergne

Blick von einem der unvollendeten Türme der Kathedrale Notre-Dame nach Südwesten auf das linke Seineufer, die Rive Gauche. Deutlich erkennbar ist die homogene Gebäudehöhe in Paris. In der Bildmitte die Universität Sorbonne, dahinter das umstrittene Bürohochhaus Tour Montparnasse neben dem gleichnamigen Bahnhof für die TGV-Hochgeschwindigkeitszüge

Unten:
Die Privatgebäude der Seineinsel Ile de la Cité rund um die Kathedrale Notre-Dame, des ältesten Siedlungsbereichs der Stadt, stammen oft aus dem 14. bis 16. Jahrhundert. Adelige Stadtpalais wie Bürgerhäuser sind durchwegs um den Innenhof ausgerichtet, der oft einen kleinen Garten aufweist

Blick von Notre-Dame auf die zweite Seineinsel Ile Saint-Louis und in den Westen von Paris. Im gotischen Bogengeflecht der Kathedrale im Vordergrund nisten ständig mehrere Adler

Nächste Doppelseite: Nächtlicher Blick auf den Arc de Triomphe. Der Triumphbogen zu Ehren des Siegs über die verbündeten Monarchien Preußen, Österreich und Rußland bei Austerlitz wurde vom Revolutionsführer und Franzosenkaiser Napoleon 1806 in Auftrag gegeben, aber erst 1836 fertiggestellt. Er ist 50 Meter hoch und 45 Meter breit und bildet den krönenden Abschluß der Aufmarschstraße Champs-Elysées. Insgesamt 12 Avenuen laufen auf ihn sternförmig zu

Legende zu Seiten 24/25 s. Seite 26

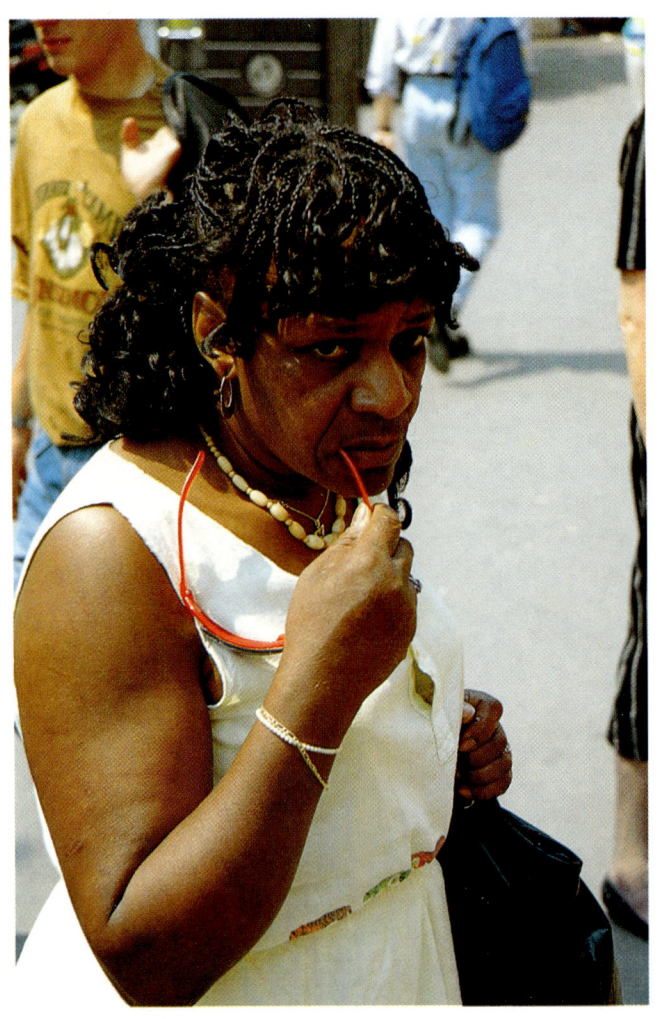

Paris ist eine Stadt der Individualisten. Die Hälfte der Haushalte besteht nur aus einer Person. Auf der Straße trägt jeder ein «gewisses Etwas» zur Schau, eine persönliche Note der Eleganz. Selbst die berühmten Clochards zeigen traditionellerweise die Selbstachtung der Einwohner von Paris

Vorhergehende Doppelseite: Die spektakuläre Glaspyramide im Zentrum des Louvre-Museums wurde zum bekanntesten Bauwerk von Paris neben dem Eiffelturm. Nachts gibt die Pyramide nicht mehr das Tageslicht von oben nach unten weiter, sondern erstrahlt aus dem Untergeschoß herauf in einem ausgeklügelten Lichterspiel (siehe auch Seite 96)

Die Pariser Passagen waren zu Anfang des 19. Jahrhunderts das Modernste vom Modernsten im Bereich des Städtebaus. In der 1808 errichteten Passage des Panoramas (rechts oben) kam mit dem transparenten Dach erstmals jene Verbindung von funktionellen Eisenträgern und ausgedehnten Glasflächen zur Anwendung, die als «Glas-Eisen-Architektur» das Jahrhundert prägen sollte, in Paris vor allem mit den großen Bahnhöfen, der Ausstellungshalle Grand Palais und der Börse im Palais Brongniart. Die Passage war ursprünglich ein wettergeschützter Durchgang mit Luxusläden und das gesellschaftliche Zentrum der französischen Restaurationszeit. Heute erscheinen sie als Relikte einer verflossenen Zeit

Das Musée
d'Orsay, 1986
im still-
gelegten Bahn-
hof Gare d'Or-
say auf dem
linken Seine-
ufer eröffnet,
hat ebenso
heftige Beach-
tung wie
Ablehnung auf
sich gezogen.
Wo früher
dampfgetriebe
ne Züge ein-
fuhren, wird
nun in einer
neugestalteten
Innenarchitek-
tur der Italie-
nerin Gae
Aulenti euro-
päische Kunst
der zweiten
Hälfte des 19.
Jahrhunderts
gezeigt, vom
Realismus von
Gustave
Courbet bis zur
berühm-
ten Impres-
sionismus-
Sammlung in
französischem
Staatsbesitz.
Den erhofften
Publikumszu-
spruch hat das
sehr sehens-
werte Museum
jedenfalls mit
rund drei
Millionen
Besuchern
jährlich noch
überschritten

Pierre-Auguste Renoirs Gemälde «Torso mit Sonneneffekt» (81 x 65 cm) aus dem Jahr 1875 zählt zu den frühen Meisterwerken des Impressionismus in der Sammlung des Musée d'Orsay. Die Impressionisten wollten die Welt möglichst getreu so wiedergeben, wie das menschliche Auge sie wahrnimmt - mit allen optischen Wirkungen, die eine heiße Wetterlage zum Beispiel verursacht. Sie wurden dafür vom Publikum und der Kunstkritik jahrzehntelang verspottet. Dabei sahen sie sich durchaus in der Tradition der europäischen Malerei. In dem von ihm wiederholt dargestellten Thema der «Badenden» etwa knüpfte Renoir bewußt an die lebensbejahenden Frauengestalten von Peter Paul Rubens

Der 1889 fertiggestellte Eiffelturm ist mit einer Höhe von dreihundert Metern (heute 320 Meter infolge der Radio- und Fernsehausstrahlungssysteme) aus tausendfünfhundert seriell vorgefertigten Stahlteilen das bekannteste Monument von Paris und eines der wenigen authentischen Denkmäler des Industriezeitalters. Mit seiner Durchsichtigkeit und Funktionslosigkeit stellt er eines der faszinierendsten Bauwerke der Neuzeit dar. Sechs Millionen Besucher jährlich begeben sich auf eine der drei Aussichtsplattformen, wobei bis zur zweiten Plattform in 115 Meter Höhe auch zu Fuß über Stiegen in einem der beiden rechten Pfeiler gegangen werden kann. Auf der dritten Plattform, 274 Meter über dem Flußniveau der Seine, kann es im Winter durchaus schneien, während herunten die schönste Sonne scheint. Als einziges Denkmal von Paris ist der «Eiffelturm» von nahezu jeder Straßenecke in der gesamten Stadt zu sehen. Im Hintergrund des Bildes Seite 31 oben der 200 Meter hohe Tour Montparnasse, der 1974 fertiggestellte, einzige Bürowolkenkratzer im Stadtgebiet von Paris. Seite 30 sind im Vordergrund die Wasserstahler des Jardin du Trocadéro und die Jena-Brücke (Pont d'Iéna) zu sehen und im Hintergrund die Armeeschule «Ecole Militaire». Das Gebiet war seit der Mitte des 18. Jahrhunderts ein militärisches Übungsgebiet. Schon vor der Errichtung des Eiffelturms fanden hier die Revolutionsfeste der Französischen Revolution von 1789 statt

Von 1806 bis 1808 ließ Napoleon einen Triumphbogen im damaligen Innenhof des Louvre errichten, der mit seinen Marmorflächen und der feinen Ziselierung zu den schönsten Beispielen des Empire-Stils zählt. Er soll die Siege Napoleons im Jahr 1805 feiern und bildet eine Nachahmung des Severinsbogens in Rom. Die Quadriga-Gruppe des Pferdewagens enthielt auf Napoleons Geheiß zunächst die berühmten Bronzepferde vom Markusplatz in Venedig, die der Franzosenkaiser nach Paris holen ließ. Nach ihrer Rückgabe im Jahr 1815 wurden sie durch Nachgüsse ersetzt. Ursprünglich diente der kleine Triumphbogen als Eingang zum dahinter gelegenen Herrschertrakt der Tuilerien, der 1871 abbrannte und abgerissen wurde von Wolkenkratzern im Pariser Stadtzentrum gelockert werden. Doch stieß bereits die erste derartige Ausnahme auf solch heftige Proteste, daß niemand seither an diese Norm zu rühren wagte: Der Tour Montparnasse wurde vom Nachfolger des Generals de Gaulle im Präsidentenamt, Georges Pompidou (1911 – 1974), ab 1969 als Beginn einer ganzen Wolkenkratzer-Stadt am linken Seineufer ins historische Stadtviertel gesetzt, womit Paris der berühmten Londoner City den Rang als Geschäfts- und Börsenzentrum Europas ablaufen wollte.

Die breite Empörung im In- und Ausland über einen solch unüberlegten Eingriff in einen geschlossenen historischen Stadtkern fanden beim Nachfolger Pompidous als Präsident, Giscard d'Estaing, 1974 Gehör und so blieb der Büroturm von 200 Meter Höhe der einzige Wolkenkratzer im Pariser Gemeindegebiet. Seine Besucherplattform bietet noch heute einen unvergleichlichen Ausblick auf die Seinestadt – insbesondere nachts. Das einzige jüngere Beispiel einer Ausnahme von den Höchstbauvorschriften bildet das 1977 eröffnete Centre Georges Pompidou, das gerade fünfzehn Meter höher ist als die umgebende Haussmannsche Bausubstanz des rechten Seineufers und bloß damit schon einen unvergleichlichen Überblick über fast die gesamte Pariser Dachlandschaft ermöglicht – denn alle anderen Häuser erstrecken sich darunter in nur leicht voneinander abweichenden

Höhen wie ein graues, wellenbewegtes Meer.

So hat sich Paris in Wirklichkeit denn auch als Stadtgefüge und architektonisch in den letzten Jahren weniger verändert als man gemeinhin annimmt.

Der Großstadtraum von Paris, zu dem neben den zwanzig historischen Stadtbezirken von Paris ein breiter, schier endloser Vorortsgürtel von expansiver Ausdehnung wie bei japanischen und amerikanischen Städten zählt, dehnt sich zwar fortwährend aus. Doch das historische Paris, dessen zwanzig Bezirke auch die Grenze als Stadtgemeinde bezeichnen, blieb in der Einwohnerzahl fast unverändert – bei rund 1,5 Millionen gegenüber dreizehn Millionen für den Großstadtraum. Die Zahl derjenigen, die im «Paris intra muros» leben, wie man die zwanzig historischen Bezirke nennt, war schon um 1914 in etwa dieselbe. Das «alte Paris», das man von den Schwarzweißfotos der fünfziger Jahre kennt, ist also zumindest in seiner geographischen Form und Einwohnerzahl unverändert.

Auch in einer anderen Hinsicht hat sich wenig verändert: Alles was sich jenseits des Stadtautobahnrings ansiedelt, der in den sechziger und siebziger Jahren errichtet wurde, zählt für die Bewohner von Paris nicht nur beruflich und wahl- und steuerrechtlich, sondern auch von den täglichen Gewohnheiten her keineswegs mehr zu Paris, auch wenn Paris heute wirtschaftlich ohne den Vorstadtgürtel nicht mehr vorstellbar wäre und erst das Bevölkerungswachstum und die Dynamik dieser erst im 20. Jahrhundert neubesiedelten Gebiete rund um die Stadt die französische Hauptstadt zu einer Weltmetropole unserer Zeit erheben. Für den Bewohner von Paris, das heißt der zwanzig historischen Stadtbezirke, sind die *banlieues* mit ihren Schlafburgen, eingemeindeten früheren Kleinstädten und Hektar für Hektar aneinandergefügten Industriehallen tatsächlich eine andere und fremde Welt.

In dieses Universum der *banlieues* zu fahren, empfindet ein Einwohner von Paris denn auch buchstäblich als eine Expedition, auf die man sich vorbereitet wie auf die Reise in ein anderes Land oder wie früher Festlandfranzosen bei der Fahrt in die Kolonien. Die Vororte *(banlieues)* sind unbekannte Reiche für die Einwohner von Paris, ebenso wie umgekehrt die Bewohner der Vororte (die *banlieusards*) das historische Zentrum von Paris als eine unheimliche, sich nur schwer erschließende Welt betrachten, die sie mehr beängstigt als anzieht. Beide Sphären, das in der Ausdehnung seit hundert Jahren unveränderte Paris und sein rasch expandierender Vorortsgürtel, leben wie verschiedene Sonnensysteme nebeneinander her.

Einer der nachhaltigsten Unterschiede zwischen den Vororten und der Stadtgemeinde Paris innerhalb des Stadtautobahnrings besteht denn auch in der systematischen Erhaltung der Bausubstanz, die der französische Staat und die Stadtverwaltung seit den frühen sechziger Jahren betreiben. Dies wirkt sich weniger in spektakulären Modernisierungsprojekten aus als in der täglichen Realität des privaten Hausbesitzes: Jede äußerliche Veränderung an älteren Gebäuden, auch wenn sie bloß aus den dreißiger Jahren stammen, sind genehmigungspflichtig und unterliegen einer strengen und kontinuierlichen Kontrolle staatlicher Denkmalschützer.

Die Pariser Stadtverwaltung schreibt die Zwangsreinigung der Hausfassaden auf Kosten der Benützer vor, sobald die Staubablagerung an der Straßenfront das historische Erscheinungsbild trübt. Und auch in diesem Fall werden die Renovierungsarbeiten, bis in den Dachfirst hinein, streng von den staatlichen Architekten überwacht – sie lassen beispielsweise selbst auf einem Schornstein nicht zu, daß eine Fläche, die zur Jahrhundertwende aus rein dekorativen Gründen, ohne jeden funktionellen Zweck, leicht gebogen ausgeführt worden war, beim Neuverputz begradigt wird, wie es in anderen Ländern durchaus selbstverständlich wäre.

Daß Paris noch heute – und in Zukunft – diese harmonische Straßengestalt besitzt, die es im späten 19. Jahrhundert erhielt, ist nicht zuletzt ein Ergebnis dieser überaus strengen städtebaulichen Kontrollen, die immerhin noch genug Spielraum geben, um nicht völlige Einförmigkeit entstehen zu lassen.

Flanier-Weltstadt mit extremen Kontrasten

 Paris öffnet sich vor allem einem Spaziergänger, der sich etwas mehr Zeit nimmt als in anderen Städten. Wird man ein wenig zum Flaneur, dem scheinbar ziellos und ohne Zeitdruck auf Wanderschaft befindlichen Fußgänger, für den diese Stadt ganz besonders angemessen ist, so geben sich viele kleine Details zu erkennen, die den Pariser Charme ausmachen und die Eigenart dieser Stadt komponieren. Das «Flanieren» im Sinne des deutschen «Bummeln», aber mit Beobachtung, bestimmt nicht umsonst den größten Teil der unzähligen Romane und Reiseberichte, die sich seit Jahrhunderten mit Paris befassen. Von ersten «Gesellschaftsbildern» des späten 18. Jahrhunderts wie den «Tableaux Parisiens» des Jean-Sébastien Mercer, zu den soziologisch scharfen Beobachtungen von Honoré de Balzac in der Romantik, und weiter bis zu den Traumwandlereien der Surrealisten in den zwanziger und dreißiger Jahren nehmen diese Paris-Schriftsteller den Leser geradewegs bei der Hand, um ihm das entspannte Flanieren vorzuführen: auf den Boulevards, auf der Ile de la Cité und der Ile de Saint-Louis, den beiden ältesten besiedelten Plätzen von Paris auf den Seine-Inseln rund um die Kathedrale von Notre-Dame, oder auch in den Gassen und Hinterhöfen der Arbeiterviertel wie in Belleville hinter dem Bastille-Platz.

Selbst das «moderne» Paris des nächsten Jahrtausends soll nun wieder eine Stadt vor allem für Spaziergänger und Flaneure werden. Als Abschluß der Renovierungsarbeiten am Louvre und den angrenzenden Palais planen die Stadtverwaltung und das einflußreiche Kulturministerium, ab 1997 den gesamten Stadtkern zwischen dem Musée d'Orsay am linken Seine-Ufer beziehungsweise der alten Nationalbibliothek und dem Centre Georges Pompidou weit innerhalb des rechten Seine-Ufers zur größten Fußgängerzone Europas umzugestalten. Auf einer Fläche, die schon alleine für eine mittlere Stadt ausreichen würde, kann der Passant dann zu Fuß Kunst und Kultur von den ägyptischen Königsgräbern bis zur aktuellsten Gegenwart ergehend genießen.

Die vielen kleinen Details, die Paris ausmachen, wollen dieser Stadt aber auch wirklich abgerungen werden. Paris ist, wie auch seine Einwohner, nicht wenig von sich eingenommen – auch das gehört zum Charakter der Stadt. Fremden zeigt man vielleicht mehr als anderswo eine offizielle Seite. Die typischen Details entdeckt man oft erst, wenn man sich nicht scheut, hier und da auch mal um die Ecke zu gucken, hinter die Kulissen zu sehen. Erst dann nämlich erblickt man das eigenartige, ja eigensinnige Universum, das diese Stadt in ihrer relativen Abschottung auch gegenüber dem restlichen Frankreich bildet.

Die berühmten *concierges*, die Pförtnerinnen, die in ihren winzigen, vollgeräumten Logen mit der sprichwörtlichen Katze Tag für Tag zubringen, ohne das betreffende Stadtviertel auch nur ein einziges Mal, oft während ihres ganzen Lebens, zu verlassen, sind zwar in den letzten Jahren weitgehend durch elektronische Gegensprechanlagen und Geheimcodes an den Hauseingängen abgelöst worden. An den meisten Haustoren muß man heute zuerst eine Geheimzahl eintippen, um zur Gegensprechanlage mit den Namen der Hausbewohner zu gelangen. Die Kleinkriminalität und vor allem Diebstahlsdelikte aller Art, das Problem Nummer Eins in Paris, zwingen zu diesen Vorsichtsmaßnahmen. In manchen Straßenzügen des 16. Stadtbezirks zwischen den Champs-Elysées und dem Palais de Chaillot gegenüber dem Eiffelturm wechseln diese Geheimcodes am straßenzugewandten Haustor sogar an jedem Wochentag.

Die alten Details wie die berühmten *concierge*-Frauen findet man andernorts in Paris noch fast unverändert, etwa wenn man im 16. Bezirk jenseits des Palais de Chaillot weitergeht und in die Viertel der politischen und wirtschaftlichen Elite Frankreichs gelangt, die hier nahezu unter sich lebt. Hinter den mächtigen Straßenfronten vor allem aus der Epoche des Jugendstils verbergen sich Wohnungen von 300 bis 500 Quadratmeter Nutzfläche, deren Kaufpreis von vier bis sieben Millionen Mark im wesentlichen nur die alten französischen Familien unter sich läßt. Newcomer und Golden Boys sind hier ohnedies nicht willkommen. Hier aber haben die meisten Häuser noch eine *concierge*, die die Ein- und Ausgänge kontrolliert, keinen Fremden hineingehen läßt, aber auch persönlich die vom Briefträger in Empfang genommene Post des ganzen Hauses verteilt – ein System uralter Arbeitsformen, moderner Nachbarschaftlichkeit und möglicher Überwachung, das so manchem Schriftsteller früher ganze Kapitel wert war.

Heute haben sich auch die Details erneuert und modernisiert. Gerade die berühmten Großbauvorhaben des Staatspräsidenten Mitterrand haben eine Reihe von pittoresken Details hervorgebracht, die die Einwohner von Paris heute so beschäftigen wie die alten. Das neue Finanzministerium, ein Ungetüm von Bürogebäude, das quer zum Seinestrom in das Bercy-Viertel gesetzt wurde, das größte Wachstumsgebiet von Paris am Ostrand des historischen Stadtbereichs, ragt deshalb so unerklärlich in den Flußstrom vor, weil der Minister für Wirtschaft und Finanzen, der in diesen Räumen amtierende «mächtigste Mann Frankreichs» laut Volksmund, solcherart per Spezialaufzug direkt in sein Dienstschnellboot einsteigen kann, das unter dem Ministerium wartet und mit dem er weit rascher ins alte Regierungsviertel des Elysée-Palasts und des Premierministersitzes Palais Matignon gelangt als mit jedem Motorrad-geleiteten Dienstauto. Daß die Minister jetzt wieder das Schiff nehmen, um ins Ministerium zu fahren, ist einer der häufigsten Witze der Einwohner von Paris, die die französische Zentralmacht wie alle Franzosen ebenso lieben wie hassen.

Diese neue Rolle des Flusses im städtischen Verkehr des ausgehenden 20. Jahrhunderts – seit 1989 gibt es im Sommerhalbjahr auch wieder Linienboote als busähnliche öffentliche Verkehrsmittel auf der Seine – zeigt jedoch auch, wie sehr dieser Fluß die Geschichte der Stadt und ihr wirtschaftliches Potential als eine unabdingbare Voraussetzung begleitet. Die gesamte Erfolgsgeschichte von Paris orientiert sich ja an diesem Fluß, dessen winterliche Überschwemmungen der Stadtverwaltung noch immer Jahr für Jahr zu schaffen machen: das schmale Flußbett der Seine im Vergleich etwa zum Rhein, zur Donau oder zur Rhone hat die Ausbildung einer Stadt an beiden Ufern als Drehkreuz des Handels ermöglicht, wobei die nahe und zugleich geschützte Lage am Atlantik der Stadt ab dem späten sechzehnten Jahrhundert alle Vorteile aus der Entdeckung Amerikas zuspielte.

Als Paris solcherart erst einmal die vorherige Finanzhauptstadt des französischen Königreichs, Lyon, übertrumpft hatte, trug die zentralstaatliche Monarchie, deren Aufstieg bereits an das Schicksal von Paris gebunden war, das Ihre dazu bei, um Paris zur allesbeherr-

schenden wirtschaftlichen und kulturellen Hauptstadt Frankreichs auszubauen. Auch dieser Aufstieg von Paris zur europäischen Metropole aber war nur durch die Seine möglich, die mit ihren zahlreichen Nebenflüssen stromauf- und stromabwärts von Paris die Erträge aus dem landwirtschaftlich sehr reichen Becken der Ile de France, der Region um Paris, überaus kostengünstig anliefert. Dieser Einfluß des Seine-Flusses auf die Erfolgsgeschichte von Paris zieht sich bis zu den Malern des Impressionismus, die – von Renoir bis Monet, Cézanne, Van Gogh und Seurat – durchwegs entlang der Seine und ihren Seitenflüssen, vor allem der Oise, malen gingen, wo das Meereslicht des Atlantiks bereits auf die kontinentale Vegetation des Pariser Beckens trifft.

Es macht den Charme von Paris aus, daß jedes Detail auf eine solch alte Wurzel verweist, in der sich die kaum gebrochene Geschichte der Stadt zu erkennen gibt. Noch heute sieht man auf der Straße Bauarbeiter, die oft schwerstes Material mit einer banalen Seilwinde und bedeutender Muskelkraft hochziehen, und gleich daneben eine «Chiraquette». So bezeichnen die Einwohner von Paris seit Mitte der achtziger Jahre die hypermodernen Motorräder, die Jacques Chirac, Bürgermeister von Paris (1977 – 1995) und nunmehriger Staatspräsident, einführte, als die Hundehäufchenplage überhand zu nehmen begann.

Junge Männer in den grellgrünen Anzügen der Pariser Stadtreinigung fahren seither mit ihrem Motorrad auf dem Gehsteig und lassen per elektronischer Bedienung einen Spezialstaubsauger herab, der nach langem Suchen ein Hundehäufchen entfernt. Die gern aufständisch gestimmten Einwohner von Paris sagen dazu, diese Motorräder würden hoffentlich mit dem angetrieben, was sie aufsammeln, sonst bedeute es eine Vergeudung von Steuergeld. Dem Problem der vielen Haustiere in der Stadt – jeder zweite Haushalt in Paris hat einen oder mehrere Hunde oder Katzen – war durch ein paar ständig herumkurvende Motorräder mit Spezialstaubsauger natürlich nicht abzuhelfen. So blieb das Problem bis heute eigentlich ungelöst – auch das ist sehr typisch für Paris.

In den Einzelheiten und Details, die auf soziale und ethnische Besonderheiten deuten, ist Paris heute mehr denn je eine extrem kontrastreiche Stadt. Wer im Viertel am Gare du Nord, wo der frisch renovierte, «postmoderne» Nordbahnhof steht, hinter die Kulissen der grauen, aber korrekten Häuserfassaden blickt, stößt plötzlich auf Szenen, die aus einer schnell hochschießenden Großstadtmetropole der Dritten Welt stammen könnten. Viele Häuser dieses Viertels bis hinauf zum äußeren Boulevardring an der Metrostation «Barbès», dem Zentrum des schwarzafrikanischen Paris, sind nach hinten mit ein bis zwei ohne Baugenehmigung hochgezogenen Barackenhäusern versehen. In ihnen mieten die nach wie vor in großer Zahl ankommenden Arbeitseinwanderer aus Schwarz- und Nordafrika, aus Asien, aber auch aus den französischen Überseekolonien Ile de la Réunion und Guadeloupe ihre ersten Wohnunterkünfte: Tausend bis tausendfünfhundert Franc monatlich kostet ein «Zimmer» von sechs Quadratmetern, dessen Wände zudem noch aus bloßen Sperrholzplatten bestehen.

Das nimmt man in Kauf, bis man sich nach mehreren Jahren harter Arbeit eine korrektere Bleibe leisten kann. Bisweilen teilen sich zwei Einwanderer, ein Tag- und ein Nachtarbeiter, aus Kostengründen auch einander abwechselnd das gleiche Bett. Die Atmosphäre des Zusammenlebens in diesen Hinterhöfen oder auch in den zahlreichen «Hotels ohne Sterne» – Einwandererhotels, an denen die blaue Plakette des französischen Tourismusministeriums fehlt – aber ist abends kaum zu beschreiben, da die afrikanischen Familien in der warmen Jahreszeit Gemeinschaftsküchen vor den winzigen Wohnzellen aufmachen – einige Meter weiter vorne, an der Straßenfront, liegen die Fassaden scheinbar totengleich da und nichts ließe diese «andere» Welt hinter der Fassade erahnen, in der afrikanisch gefeiert wird.

Das heutige Paris besteht nicht zuletzt aus einer schier unendlichen Vielfalt der Bräuche, Völkerschaften und historischen Relikte, die ein buntes Bild ergeben und den nachdrücklichen Charme dieser Stadt ausmachen. Die Bevölkerung der Seine-Metropole stammt nur zu einem geringen Teil aus Familien, die über viele Generationen hinweg in Paris ansässig sind. Die verschiedenen Zuwanderungswellen, aus denen sich die heutige Einwohnerschaft von Paris zusammensetzt, begannen schon im 18. Jahrhundert mit dem Aufkommen der damals führenden Luxusindustrie der Welt. Zunächst waren es Zuwanderer aus den mit der Bevölkerungsexplosion dieser Epoche allzu kinderreichen Landstrichen in den unendlichen Weiten der französischen Provinz.

Mit der Industrialisierung kamen dann zu Ende des 19. Jahrhunderts massive Einwanderungswellen von Italienern und Polen, bevor die Flucht der russischen Aristokratie vor der kommunistischen Oktoberrevolution Anfang der zwanziger Jahre das intellektuelle Leben in Paris nachhaltig veränderte. Nach dem Zweiten Weltkrieg wieder holte man Arbeitskräfte aus Spanien und Portugal sowie dem zerfallenden französischen Kolonialreich vor allem Nord- und Schwarzafrikas bewußt und mit ausgedehnten Werbekampagnen ins Land, die die harte Arbeit in der bedeutenden wirtschaftlichen Expansion dieser Epoche leisteten. Und heute kommen, nach dem Ende der Teilung Europas und dem Verschwinden des «Eisernen Vorhangs», auch wieder massiv Osteuropäer nach Paris – ein Teil der Taxibranche ist chine-sisch, bereits aber auch polnisch dominiert.

Für Paris ist daran kennzeichnend, daß diese Zuwanderer zumeist doch überraschend schnell im sozialen Leben der Seinestadt aufgehen. Es gibt im Gegensatz zu New York und typischen nordamerikanischen Städten kaum ethnisch geschlossene Viertel. Ein «Little Italy» sucht man vergebens und die Vermischung der Zuwanderer unter sich und mit den schon länger Ansässigen ist traditionellerweise sehr groß. So kommt es, daß selbst Neuankömmlinge von weit her sich nach ein bis zwei Jahren als *Parisiens*, als Einwohner von Paris, fühlen und bezeichnen, und nur noch in zweiter Linie als Polen, Senegalesen oder Pakistaner. Spätestens in der zweiten Generation, bei den Kindern der Einwanderer, ist die Herkunft in der Selbstbezeichnung und Identität fast verwischt – dies ist eine der faszinierendsten und bedeutendsten Fähigkeiten dieser Stadt.

So gibt es auch kaum nationale Ghettos oder ethnisch scharf abgegrenzte Bezirke in der Stadt, sondern mehr oder weniger «bunte», pittoreske Viertel. Zwischen den Metrostationen «Stalingrad», «Barbès» und «Blanche» – wo auch das Moulin Rouge und das alte Vergnügungsviertel der Jahrhundertwende liegt – sind tagsüber Dutzende schwarzafrikanischer Frauen mit bunten Trachten von einer verblüffenden Farbenpracht auf der Straße unterwegs. Hier gibt es auch schier unerschöpfliche Stoffläden, deren größter auf fünf Stockwerke verteilt einen ganzen Häuserblock umfaßt. Geht man von diesem Punkt aus die frühere Einfallstraße zum Stadtzentrum, die als Straße der Prostitution berühmte und berüchtigte Rue Saint-Denis vom Nordbahnhof abwärts, so stößt man nach zehn Minuten nahe dem großen Boulevard gleichen Namens auf den größten türkischen Lebensmittelmarkt von Paris.

Am benachbarten Boulevard Sebastopol wieder haben sich die schwarzafrikanischen Haarschneider mit ihren pittoresken Techniken niedergelassen. Dies gleichsam überwachend, thronen daneben die steinernen Pforten Saint-Denis und Saint-Martin, von König Ludwig XIV. im 17. Jahrhundert bei der Vergrößerung von Paris als Triumphbögen an den Straßen Rue Saint-Denis und Rue Saint-Martin errichtet. Auf diesen alten Römerwegen, die die älteste Ost-West-Achse der Stadt bilden, fand traditionell der Einzug der französischen Könige in Paris nach der Krönung in der Kathedrale von Saint-Denis statt.

Heute, nach der Schleifung der betreffenden Stadtmauer im frühen neunzehnten Jahrhundert, stehen beide alten Stadttore funktionslos da – ähnlich übrigens wie der weit mächtigere Triumphbogen Arc de Triomphe am Endpunkt der Prachtstraße der Champs-Elysées, den Kaiser Napoleon nach der Eroberung fast ganz Europas durch die französische Volksarmee 1806 konzipierte (vollendet wurde er dann erst 1836).

Triumphtor Saint-Denis im 19. Jh.

Rund um den Bahnhof Montparnasse am linken Seineufer liegt ein Viertel, dessen auffallende Dichte an bretonischen *crêperies* stutzig macht. Die jungen Männer und Frauen aus der damals verarmten Bretagne kamen ab dem späten neunzehnten Jahrhundert, als dieses Viertel noch nicht in den verbauten Stadtverband einbezogen war, generationsweise an dem Bahnhof Montparnasse an, um als Schreiber und Dienstmädchen in der Hauptstadt ein schmales Einkommen zu suchen, das ihnen die Halbinsel am Atlantik damals nicht geben konnte. Bis heute lassen sich die Zuwanderer aus den westlichen, dem Ozean zugewandten Regionen Frankreichs

*Abteikirche
Saint-Denis im
19. Jh.*

überwiegend in diesem Viertel nieder. Obgleich so manche *crêpe* heute von jungen Algeriern gemacht wird, die unter den jüngeren Einwanderern dominieren, kann man hier noch in regelrechte keltische Feste mit Dudelsackorchestern und Sprechgesang stoßen. Die umfangreiche bretonische «Auswandererkolonie» im Pariser Raum, die mehrere hunderttausend Personen umfaßt, kommt da zu «Fez-noz» mit traditionellen Tänzen zusammen ganz wie in der agrarischen «Heimat».

Diese nach Paris «ausgewanderten» Bretonen haben sich inzwischen auch derart hochgearbeitet, daß es bisweilen spaßhalber heißt, alle wichtigen Leute würden aus der Bretagne, Korsika oder der Auvergne im Zentralmassiv stammen. Tatsächlich entsenden alle drei traditionell armen Regionen einen überdurchschnittlichen Anteil ihrer Jugend in die ferne Hauptstadt, die man in den Provinzen wie ein fremdes, unbekanntes Reich erlebt. Die Auvergnaten etwa kontrollieren bis heute nahezu unangefochten das Milieu der Cafés und Brasserien in Paris. Die Erfolgsgeschichte der beiden Brüder Costes aus der Auvergne ist dafür ein sprechendes Beispiel: seit Mitte der achtziger Jahre betreiben sie mit dem Café Costes, gestaltet vom französischen Star-Designer Philippe Starck, dem Café Beaubourg (Architekt: Christian de Portzamparc), dem Café de la Bastille, dem Café Marly im neugestalteten Louvre-Museum und dem Café in der 1995 eröffneten Cité de la Musique in La Villette die bestgehenden und meistbesprochenen Restaurationsunternehmen der Stadt, die bis heute die meisten Cafés, Bistros und Restaurants aller Weltstädte besitzt. «Das ist typisch für die Leute aus der Auvergne: die wissen seit Generationen, wie man gutgehende Cafés in Paris macht», sagen die Einwohner ein wenig fatalistisch: Die Café-Szene ist und bleibt fest in der Hand der Leute aus der Auvergne.

Von diesen «innerfranzösischen» Zuwanderern gehen viele im Ruhestand dann wieder zurück in die Region ihrer Herkunft – regelrecht über Generationen dauerhaft in Paris verwurzelt bleiben paradoxerweise daher eher die nichtfranzösischen Immigranten. Bei den mondänen oder freundschaftlichen Abendessen, um die sich in allen Gesellschaftsschichten das soziale Leben in Paris gruppiert, sticht auch immer wieder ins Auge, daß die Mehrzahl der Anwesenden – durchwegs richtige, alteingesessene *Parisiens* - zumindest einen aus dem Ausland zugewanderten Großvater hat, einen Russen, Amerikaner, Italiener oder Deutschen.

Viertel, in denen ethnischen Gruppen über Generationen hinweg unter sich bleiben, sind die große Ausnahme, aber dafür umso romantischer und pittoresker. Dazu gehört das Pariser «Chinatown», ein Distrikt mit tristen, Anfang der siebziger Jahre rasch hochgezogenen Wohntürmen im 13. Stadtbezirk zwischen der Seine und der Porte d'Italie, in dem man damals fast geschlossen die Flüchtlinge aus Kambodscha, Vietnam und Rotchina unterbrachte, die als Boat People nach einem Irrweg oft rund um den Erdball hier eine neue Heimat fanden. Mit seinen rein asiatischen Riesensupermärkten und den über weite Straßenzüge hinweglaufenden, ausschließlich chinesisch und japanisch aufgeführten Leuchtreklamen ist dieses Viertel heute bereits eine Attraktion an sich.

Das ältere Gegenstück, das Judenviertel an der Rue des Rosiers im vierten Stadtbezirk gleich hinter dem Centre Georges Pompidou, ist wohl noch origineller und im heutigen Europa einmaliger. Hier haben sich in der zweiten Hälfte des 19. Jahrhunderts vornehmlich osteuropäische Juden, die vor den Pogromen aus ihren Ländern flohen, im Bereich von nur drei oder vier kleinen Gassen niedergelassen. Das markante, sonst nur noch durch Schwarzweißfotos bekannte osteuropäische Judenviertel, wie es in Wien oder Prag durch den Holocaust ausradiert wurde, ist hier noch vorhanden – und voller Leben. Neben Zuckerbäckern mit Mohnstrudeln und anderen Backwaren böhmischer und polnischer Herkunft sowie dem Restaurant Goldenberg, einem der bekanntesten Speiselokale von Paris mit vornehmlich russischen Spezialitäten, findet der Flaneur hier noch handgetriebene Tora-Druckereien und auf die Straße hinausgehende Synagogen wie aus einer längst vergangenen Zeit.

Paris ist eine Stadt für Spaziergänger und vor allem für beobachtende Flaneure, die hier ein wahres Paradies an Entdeckungsmöglichkeiten finden. Entgegen manch landläufiger Meinung ist es in Paris auch nicht gefährlich, einmal von den frequentierten Wegen abzuweichen und ganz nach Belieben selbst durch Hinterhöfe zu gehen. Die historische Stadt innerhalb des Stadtautobahnrings weist heute eine durchschnittliche Kriminalitätsrate auf. Bei Tageslicht sind Verbrechensformen amerikanischen Typs, wie sie bisweilen – ohne rechte Ortskenntnis – an Paris beschrieben wurden, völlig undenkbar. Selbst nachts muß man schon ein wirkliches Unglück erleben, etwa wenn man in eine der drei Metro-Stationen (derzeit an der Linie Mairie de Lilas-Montreuil) gerät, in denen die Polizei die Drogenszene zusammendrängt. Zwar ist Armut – von den traditionellen Clochards bis zu den zahlreichen Obdachlosen der neuen Armut – unverdeckter zu sehen als in Mitteleuropa. Doch zu Furcht braucht dies selbst in «populären» Vierteln keinen Anlaß geben. Tagsüber ist Paris eine bis zur Harmlosigkeit ungefährliche Stadt, und zwar selbst in der Metro, der Untergrundbahn. Nachts und bei der Überschreitung der

Clochard im 19. Jh.

Gemeindegrenze in Richtung der *banlieues*, des Vorortsgürtels, der jenseits des neuen Stadtautobahnrings beginnt, sollte man das hier beschriebene Verhalten allerdings nicht ohne einen ortskundigen Führer unternehmen. Die einzige,

aber umso beachtlichere Gefahr innerhalb des historischen Paris sind die Taschendiebe, die immer und überall lauern. Nicht umsonst überwacht jeder Paris-Kenner oder -Bewohner nahezu automatisch beständig seine Hand- oder Geldtasche. Besonders an den Rolltreppen des Centre Pompidou und des Einkaufszentrums Les Halles, vor der Kathedrale Notre-Dame, im Bereich des Grand-Louvre und in der Umgebung des Eiffelturms werden immer wieder organisierte Banden dieser Kleinkriminalität ausgehoben.

Viele Paris-Genießer gerade unter der alteingesessenen Bevölkerung betreiben das Flanieren übrigens auf eine beiläufige und umso bequemere Weise: es genügt, mit dem Linienbus zu fahren anstatt unter der Erde mit der Metro, um die Stadt eingehender und besser wahrzunehmen als in jeder organisierten Stadtrundfahrt. An einigen Linien verkehren Busse mit offenen Plattformen am rückwärtigen Teil – mit der Linie «20» beispielsweise abends oder frühmorgens den gesamten Boulevardhalbbogen des rechten Seineufers zwischen dem Bastille-Platz und der alten Opéra Garnier im Freien stehend abzufahren, wird zu einem unvergeßlichen Erlebnis – für eine Mark.

Die achttürmige Festung Bastille (hier im 17. Jh.), erbaut im 14. Jh., diente ab dem 17. Jh. unter Richelieu als Staatsgefängnis

Von den Hallen zur Kulturmaschine Centre Pompidou

Wer immer an diesen Seiten- und Nebenwegen, die Paris so interessant machen, mit alten Conciergen, Taxifahrern, die seit mehr als dreißig Jahren in der Stadt wohnen, oder alteingesessenen Gemischtwarenhändlern spricht, vernimmt nach kurzer Zeit eine immer wiederkehrende Klage: «Das Paris von heute hat kaum noch etwas mit dem Paris gemein, das ich kannte. Früher war das eine Stadt der einfachen Leute – es ging fast zu wie auf dem Land. Jeder kannte jeden im Viertel, in dem er wohnte, und Geld hatte ohnedies niemand. So waren die Leute auch viel freier und freizügiger als heute – man sang ohne Umschweife auf der Straße, wenn einem danach war. Heute werden Sie dafür schief angesehen. Jedermann ist nun beruflich gehetzt im Laufschritt unterwegs und einfache Leute, die hier wohnen, gibt es ohnedies kaum noch in Paris.»

Diese Klage derer, die in den fünfziger und sechziger Jahren nach Paris zuzogen, kehrt in einem solchen Ausmaß bei Gesprächen mit älteren Leuten in der Seine-Stadt wieder, daß man sie schon alleine aus diesem Grund beachten sollte. Diese Generation hat noch die legendären «Hallen», den Zentralgroßmarkt mitten in Paris, gekannt. Sie hat das frühere Künstlerviertel Montparnasse, zwischen dem gleichnamigen Bahnhof Montparnasse und dem ehemaligen Adelsviertel Saint-Germain, noch in seiner Blüte erlebt, als Paris in der Nachkriegszeit aufs neue wie zuvor in der ersten Jahrhunderthälfte zur Welthauptstadt der modernen Kunst wurde und junge Künstler zu Hunderten jährlich aus ganz Europa, aber auch aus Japan und Amerika nach Paris zogen, um am Puls der Zeit zu sein.

Die Generation derjenigen, die in den fünfziger und sechziger Jahren zuzogen, beschließt ihre Klage über die Metamorphose von Paris meist mit den Worten: «Das Paris, das ich entdeckte, als ich hierherkam, gibt es nicht mehr.»

Aus dem Blickwinkel der Jahrhundertmitte gesehen, besteht dieses Urteil wohl zu Recht. Paris war damals gerade um die legendären «Hallen» am linken Seineufer und im Künstlerviertel Montparnasse am rechten Seineufer eine Stadt der Bohème und origineller Figuren, in der immer etwas los war. Die Bausubstanz war zwar sehr heruntergekommen. Die Fassaden erscheinen nicht nur auf alten Schwarzweißfotos als Rußschwarz. Sie waren in den meisten Vierteln tatsächlich auch noch Ende der siebziger Jahre in jenes triste Kleid aus Ablagerungen jahrzehntelanger Luftverschmutzung getaucht, das die Industrialisierung des 19. Jahrhunderts als Folge zeitigte. Im Marais-Viertel am rechten Seineufer etwa verdichtete sich dieses Pariser Fassadengrau der fünfziger und sechziger Jahre an den damals verarmten Adelspalais zu einem traurigen, melancholisch stimmenden Anblick.

Heute ist das ehemalige Hofadelsviertel des Marais, zwischen dem Centre Pompidou und dem Bastille-Platz gelegen, dank der Abwaschung und Restaurierung nahezu aller Häuserfronten – vom sprunghaften Anstieg der Grundstückspreise in den achtziger Jahren finanziert – ein hochaktives und besuchenswertes Spaziergänger- und Einkaufsviertel, dessen Boutiquen auch am Wochenende geöffnet sind. Vielleicht ist das Marais-Viertel heute weniger romantisch, als es die älteren Einwohner von Paris in Erinnerung haben. Doch noch vor fünfzehn Jahren ging kaum jemand freiwillig in dieses Viertel, das seinen Namen als trockengelegter Au-Bereich der Seine vom französischen «Sumpf» herleitet, so trist wirkten letztlich die Fassaden und die vielen verarmten Leute aus gutem Haus, die den Marais damals vornehmlich bewohnten.

In vielem haben die Klagen der älteren Leute in Paris wohl recht. So gab es im Künstlerviertel Montparnasse tatsächlich noch zu Anfang der sechziger Jahre eine künstlerische Bohème zu beobachten, die man heute in Paris vergeblich sucht. Wie schon seit den Impressionisten im zweiten Drittel des 19. Jahrhunderts war Paris, dessen Kunstleben im Bereich der Moderne unter der deutschen Besatzung von 1940 bis 1944 weitgehend abstarb, auch nach der Befreiung Frankreichs im Sommer 1944 wieder die Welthauptstadt der modernen Kunst.

Nachdem die Gründungsväter der modernen Kunst, von Pablo Picasso bis Georges Braque und Henri Matisse, zu Beginn des Jahrhunderts auf dem Montmartre-Hügel auf dem rechten Seineufer gewohnt hatten, der damals außerhalb der Stadtgrenze lag und daher ungleich billigere Mieten aufwies als der eingemeindete Stadtbereich, war die künstlerische Avantgarde bereits nach dem Ersten Weltkrieg über die Seine nach Montparnasse gezogen. Hier gab es zwar keinen ebenso schönen Ausblick über Paris wie von Montmartre und dem Sacré-Cœur, doch blieben die Mieten trotz der Eingemeindung dieser früher minderbesteuerten Vorstädte in Montparnasse infolge der schütteren Bebauung und der Existenz vieler kleiner Arbeiterhäuschen bis in die frühen sechziger Jahre hinein sehr erschwinglich. Auch gab es durch den nahen Bahnhof Montparnasse mehrere Dutzend bescheidener Hotels, in denen man bei Zahlung per Monat billiger logierte als in einer Mietwohnung.

So konnte man noch in den fünfziger Jahren an einem einzigen Abend in diesem Viertel viele der wichtigsten Protagonisten der modernen Kunst mit eigenem Auge erleben: der Bildhauer Alberto Giacometti saß ab Mitternacht mit jüngeren Künstlern seines Gefolges in einem noch heute bestehenden Lokal der Rue Delambre, wo fünfzig Meter weiter der Surrealisten-Papst André Breton im gleichnamigen Hotel wohnte; Marcel

Duchamp, die graue Eminenz der Avant-garde in Paris und New York, und der Fotograf Man Ray lebten ebenso wie Yves Klein, der charismatische Vertreter des «Nouveau Réalisme», in der Rue Campagne-Première und fanden sich abends mit den im ganzen Viertel verstreut lebenden und arbeitenden Kollegen in den Brasserien La Coupole, Le Dôme und Le Select am Boulevard Montparnasse ein.

Andere, die sich in der Banlieue vornehmlich im Süden von Paris eigene Häuser gebaut hatten wie der deutsch-französische Bildhauer und Maler Hans Arp und der Deutsche Hans Hartung, der an der Porte d'Orléans sein Atelier hatte, konvergierten abends nach Montparnasse; wenn man besonders Glück hatte,

kam der Bildhauer Constantin Bancusi, der 1904 zu Fuß aus Rumänien nach Paris gewandert war, aus seinem Atelier in der Impasse Ronsin hinter dem Kinderspital Necker an der anderen Seite des Bahnhofs Montparnasse nach Mitternacht noch in einem dieser Lokale vorbei, wo die Künstler wie Ehrengäste behandelt wurden – wer kein Geld hatte, aber von den wichtigen Häuptern der modernen Kunst als «großes Talent» dem Wirt vorgestellt wurde, mußte oft jahrelang nicht bezahlen.

Dazu kamen noch Generationen lern- und abenteuergieriger Nachwuchskünstler aus ganz Europa und den USA Jahr für Jahr nach Paris, um den wenigen Kunsthändlern, vor allem aber den schon damals legendären Künstlern der

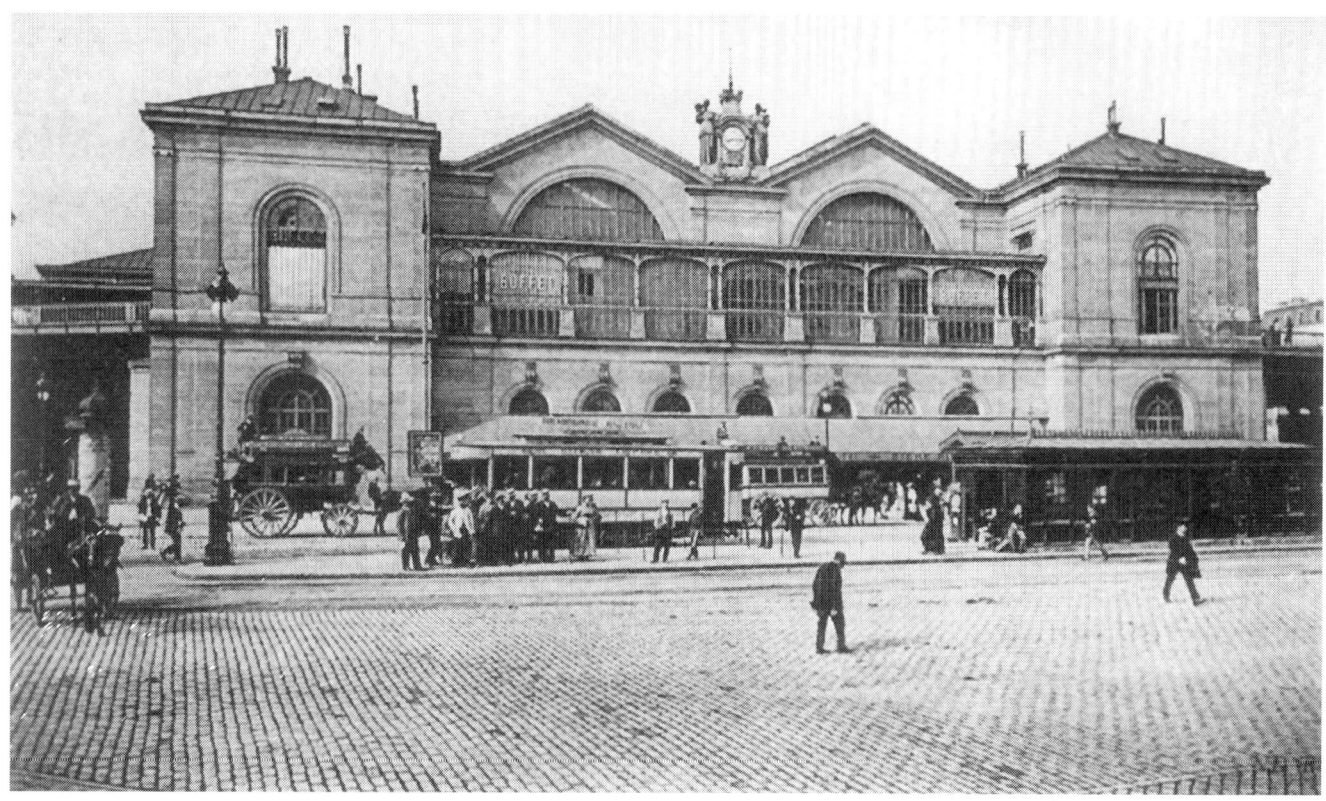

Bahnhof Montparnasse im 19. Jh.

Moderne, die man in Montparnasse antraf, ihre Arbeiten zu zeigen. Kurzum, selbst der unbeteiligte Beobachter erlebte eine künstlerische Bohème, die es heute wohl an keinem Ort der Welt mehr in solch konzentrierter Ausprägung gibt und die immer für einen Spaß, am liebsten öffentlich und auf der Straße, gut war. Paris verlor in der ersten Hälfte der sechziger Jahre, mit dem Siegeszug der amerikanischen Pop Art, den Rang der Kunstmetropole an New York. Die meisten Protagonisten der frühen modernen Kunst starben oder zogen sich aus Altersgründen aus dem öffentlichen Leben zurück. Und mit der Abwanderung der Galerien nach New York und ins Rheinland blieben allmählich auch die jungen ausländischen Künstler fern.

Heute ist das Viertel Montparnasse zwar wieder sehr lebendig und besuchenswert – doch vornehmlich dank anderer wirtschaftlicher Aktivitäten und der Touristen, auch wenn die Lokale «Coupole», «Dôme» und «Select» immer noch einen Eindruck der Bohème-Vergangenheit von Montparnasse vermitteln. Auch Künstler findet man wieder – und seien es jene mittlerweile zu Weltkarrieren gelangten deutschen Künstler, wie Georg Baselitz, Gerhard Richter und Jörg Immendorff, die in jungen Jahren alle nach Paris gepilgert waren und die bei einer heutigen Wiederkehr nach Paris hier dieser verschwundenen Bohème-Stimmung nachträumen.

Am sagenumwobensten in den Klagen über das Verschwinden des alten Paris ist gewiß das Hallen-Viertel am rechten Seineufer, gleich neben dem Châtelet, dem Gründungspunkt von Paris an der Kreuzung des Wassertransportwegs der Seine mit der von Süden nach Norden verlaufenden Pilger- und Handelsstraße (heute vom Boulevard Saint-Michel und den Straßen Rue Saint-Martin und Rue Saint-Denis sowie dem Boulevard Sebastopol dominiert). Das Viertel Les Halles gibt es auch heute noch, und es weist neben einigen alten Häusern aus dem 17. und 18. Jahrhundert in den kleinen Gassen um die Rue Saint-Denis und dem Brunnen Fontaine des Innocents – der den ursprünglichen Standort des größten Pestfriedhofs der Stadt der Stadt bezeichnet – den größten Umsteigebahnhof eines Regionalbahnsystems in Europa und das bestgehende Einkaufszentrum Europas auf. Beide sind über fünf Stockwerke unter die Straßenebene gelegt und ragen nur mit einer modernen, aus weißen Bögen und viel Plexiglas bestehenden Architektur aus dem Boden.

Für alte Paris-Kenner aber klingt die Bezeichnung «Les Halles» wie ein Hohn. Wo sich heute eine beliebige, überdies schon etwas verfallene Allerweltsarchitektur ausnimmt, die ebenso auch in jeder Stadt des tiefsten Amerika ein Einkaufszentrum gleicher Art beherbergen könnte, erstreckte sich bis 1974 in einer einmaligen Lage inmitten historischer Bausubstanz eines der wichtigsten Baudenkmäler des 19. Jahrhunderts – nämlich

Textfortsetzung Seite 65

Der Invaliden-dom wurde von König Ludwig XIV., dem Sonnenkönig und Bau-herrn des Schlosses von Versailles, im Jahr 1670 als Spital, Alters-heim und Asyl für die Solda-ten der könig-lichen Armee eingerichtet, die damals bereits auf eine expansive Eroberungs-politik aus-gerichtet war. Seit 1840 enthält eine zentrale Krypta die Grabstätte Napoleons. Das über die Jahrhunderte zu einem Ver-waltungsge-bäude der französischen Armee ver-kommene Haus, einer der schönsten Bauten des französischen Klassizismus des 17. Jahr-hunderts, wurde ab 1962 wiederinstand-gesetzt. 1989 wurde die weithin fun-kelnde Gold-bedeckung der Kuppel erneu-ert, die 1914 zur Finanzie-rung des Ersten Welt-kriegs einge-schmolzen worden war

Die «Stadt der Wissenschaften und der Industrie» (Cité des Sciences et de l'Industrie) in La Villette, ist der gelungene Versuch eines Technikmuseums der Zukunft. In allen Bereichen ob Raumfahrt, Akustik, Biologie, Gentechnologie, Mathematik, Robotertechnik zeigt das 1985 eröffnete größte der neuen Museen in Paris nicht die Vorgeschichte der menschlichen Erfindungen, sondern ihre zu erwartende Fortsetzung. Die Haupthalle des von Adrien Fainsilber gestalteten Baus könnte von ihrer Größe her eine Raketenabschußrampe in sich aufnehmen und wird von zwei drehbaren, schrägliegenden Scheiben im Dach mit einem stets gleichmäßigen Licht bedacht. Die Hauptattraktion des Baus ist der rundum verspiegelte sphärische Kinosaal «La Géode» (unten)

Der vom Schweizer Architekten Bernhard Tschumi gestaltete Park von La Villette bietet spektakuläre Ausblicke auf die Cité des Sciences et de l'Industrie und den vorgelagerten Kinosaal der «Géode» mit 36 Metern Durchmesser. Hier werden wissenschaftliche Filme in hemisphärischer Projektion vorgeführt, durch die sich der Betrachter im Zentrum des Geschehens fühlt, das auf der kugelförmigen Leinwand stattfindet. Im unteren Bild ist vor der «Géode» ein Springbrunnen der Schweizer Künstler Fischli & Weiss zu sehen

Die «Métro» genannte U-Bahn bildet eines der ältesten unterirdischen Transportsysteme der Welt. Ab dem Jahr 1900 errichtet, durchpflügen die heute dreizehn Linien den gesamten historischen Stadtbereich von Paris mit einem auf den ersten Blick unübersichtlichen Stollensystem. Die Linien wurden anders als in den meisten anderen Großstädten in S-Linien angelegt, damit die Entfernung zu einer Metro-Station in keinem Fall mehr als 400 Meter betrage. Der Benützer findet sich relativ leicht zurecht, da die Linien jeweils nach ihren Endstationen benannt sind. Mit ihren täglich acht Millionen Fahrgästen, der fünffachen Einwohnerzahl der Pariser Stadtgemeinde, und den in kurzen Abständen rollenden Zügen ist die Metro eine wahre Stadt unter der Stadt

Metro-Station Place Pigalle. Ein farbiger Jugendlicher in Rap-Kleidung geht in die U-Bahn, dahinter dreht sich die Leuchtanzeige des Moulin Rouge (Rote Windmühle). Das Viertel rund um den Place Pigalle und Place Clichy, die «heiße» Zone des Pariser Nachtlebens, ist tagsüber nach wie vor ein relativ billiges Wohnviertel, in dem ein Student weit eher eine erschwingliche Bleibe findet als im unmittelbaren Stadtzentrum. Schon Ende des 19. Jahrhunderts hatten sich die Nachtlokale hier angesiedelt, weil die Steuern außerhalb der am nunmehrigen Boulevard gelegenen Stadtmauer bedeutend niedriger waren. Paris ist heute die bedeutendste Universitätsstadt der schwarzafrikanischen Welt und das weltweit führende Zentrum schwarzafrikanischer Musik

Die Seine an der reichdekorierten Brücke Pont Alexandre III, von 1896 bis 1900 zu Ehren eines mit Frankreich verbündeten russischen Zaren errichtet. Im Hintergrund ist das Außenministerium «Quai d'Orsay», ein Palais aus dem Zweiten Kaiserreich zu Beginn der zweiten Hälfte des 19. Jahrhunderts zu sehen. Die Wasserführung der Seine ist bis heute ein regelmäßig akut werdendes Problem. Bei den spätwinterlichen und herbstlichen Hochwassern müssen die Schnellstraßen beiderseits des Flusses gesperrt werden und der Straßenverkehr in der übrigen Stadt kommt dadurch fast zum Erliegen. Eine Schiffahrt auf der Seine zeigt jedoch wie im Zeitraffer die Geschichte der Stadt entlang der Front de Seine

Die «Pont Alexandre III, stilistisch als Hommage an die üppigen Dekorationen der Architektur des russischen Zarenreichs gestaltet, stellt eine für die Errichtungszeit 1896 bis 1900 beachtliche Ingenieurleistung dar: als einzige ältere Brücke von Paris überspannt sie die Seine ohne Zwischenstütze über 107 Meter, bei vierzig Meter Breite

Nächste Doppelseite: Die meisten Häuser von Paris sind bis ins Dach für Wohnraum ausgebaut. Nach dem Architekten Jules Mansart im (17. Jh.) werden diese Dachwohnungen Mansarden genannt. Sie wurden früher als Kammern für das Dienstpersonal der großbürgerlichen Haushalte verwendet, bilden heute aber gesuchte Bereiche für modernen Wohnraum mitten im historischen Stadtkern von Paris

An den Plätzen Pigalle und Blanche konzentriert sich wie seit hundert Jahren das Nachtleben von Paris. Wie auch auf der Hamburger Reeperbahn oder im Stadtzentrum von Paris in der Rue Saint-Denis haben banale Sex-Shops und leicht zu erkennende Lokale, in denen ein Tourist bloß ausgenommen werden soll, dieses legendäre Nachtlokalviertel zunehmend entstellt. Im Moulin Rouge hat man davon nichts zu fürchten. Hier sind Verführung und Sexualität beeindruckend verpackt, in einer mathematischen Präzision, die viel mit der französischen Auffassung von Sexualität zu tun hat. Da tut nichts zur Sache, daß die Tänzerinnen meist aus Nordeuropa kommen, weil die Französinnen für das Spiel der langen Beine meist nicht groß genug sind. Mit Paris

haben das
Moulin Rouge,
das Folies
Bergères und
das Lido noch
sehr viel zu tun

Place de la Bastille. Wo einst die Zwingburg stand, deren Erstürmung am 14. Juli 1789 die Französische Revolution auslöste, erhebt sich seit 1989 die neue Oper von Paris. äußerlich ist der Bau von Carlos Ott zu wuchtig geraten, die Nutzräume der Oper dagegen stellen alle Ansprüche zufrieden. Die Juli-Säule in der Mitte des Platzes wurde 1840 zum zehnten Jahrestag der Julirevolution von 1830 errichtet. Sie enthält in ihrem mächtigen Sockel die Überreste von fünfzig Opfern der Revolution von 1830, die die hochkonservative Adelsregierung der französischen Restauration stürzte. Zur Überführung der Opfer schrieb Hector Berlioz eine Blasmusik für fünfhundert Bläser, deren letzter Satz als Standkonzert zu Ehren Napoleons aufgeführt wurde

Die Sorbonne, im 13. Jahrhundert aufgrund einer päpstlichen Bulle entstanden, ist die älteste weltliche europäische Universität. Seit dem Neubau des Gebäudes Ende des 19. Jahrhunderts hat sich hier scheinbar nichts verändert. Die Holzbänke dieses Lehrsaales sahen schon den Gründer der französischen geographischen Schule, Vidal de la Blache, und die Begründer der modernen Geschichtsforschung Lucien Fèvre, Marc Bloch und Fernand Braudel ihre Vorlesungen halten. Danach hielt hier der Philosoph Michel Serres seine überlaufenen Vorlesungen

Königliche Kontraste: Die französischen Könige haben sich vor dem «aufständischen Geist» von Paris stets gefürchtet. So verlagerte Ludwig XIV., der das System des Absolutismus, der unbeschränkten Macht von König und Hof gegenüber den lokalen Adelsgewalten endgültig durchsetzte, die Residenz der französischen Könige 1682 ganz bewußt in einen Vorort von Paris. Weniger bekannt, da lange verfallen, war der Muster-Bauernhof, den Marie-Antoinette, die später hingerichtete Gattin von Ludwig XVI., im Schloßpark von Versailles anlegen ließ. Er wurde 1992 wiederhergestellt und neuerlich mit den ursprünglichen Tierarten ausgestattet (Seite 63 unten)

Königliche
Kontraste:
Jede Einzelheit
in Versailles
mußte auf die
göttliche Sen-
dung und den
Ruhm der
Bourbonen-
Dynastie ver-
weisen. Lud-
wig XIV. ließ
sich selbst als
Sonne darstel-
len, umgeben
von dem Lilien-
Motiv des
Bourbonen-
Wappens (links
oben). Einige
Meter weiter
dient das
Lilien-Motiv als
Träger einer
stilisierten
Königkrone.
Auch mitten in
der Stadt
wurden
Insignien der
wichtigsten
Mitarbeiter des
Königs an den
Häuserwänden
angebracht
(links unten).
Die bewußte
Einfachheit,
der Marie-
Antoinette in
den achtziger
Jahren des 18.
Jahrhunderts
mit ihrem
rousseauisti-
schen Muster-
bauernhof
(rechts unten,
Seite 62 unten)
das Wort
redete, kam im
Hofstaat von
Versailles
ebenso
schlecht an wie
in den Kreisen
der Aufklärung.
Die Philo-
sophen der
Aufklärung

Kontraste. Zwei Fassaden: der Innenhof eines alten, von wildem Wein zugewachsenen Hochadelshauses im Viertel Saint-Germain, gleich neben dem ehemaligen Atelier des Bildhauers Alberto Giacometti; eine typische Straßenfront des Haussmannschen Paris, eines Gebäudes aus der Errichtung der querverlaufenden Boulevards im Zweiten Kaiserreich (1851 bis 1870). Die Anzeigensäulen im Art-Nouveau-Stil wurden seit 1988 in den wichtigsten Straßen von Paris wiederaufgestellt

Napoleon III. (1808 – 1873), Initiator der berühmten Pariser Hallen

der gleichfalls Les Halles genannte Zentralgroßmarkt für Paris und seine Vorstädte.

Wer immer diese «alten Hallen» von Paris kannte, weint ihnen zumeist bis heute nach. An diesem Ort hatte sich seit 1183, als König Philipp-August, der auch die erste große Stadtmauer von Paris errichtete, den Platz der Warenmesse hierher verlegte, immer ein ausgedehnter Markt mitten im Stadtzentrum befunden, bevor 1851 Kaiser Napoleon III., ein Neffe des Kaisers Napoleon, bei seiner Machtergreifung beschloß, daraus nach englischem Vorbild, doch mit den Mitteln der französischen zentralstaatlichen Macht den ersten modernen Großmarkt einer rasch expandierenden Metropole zu machen. Der Architekt Viktor Baltard lieferte zunächst Pläne für ein herkömmliches Ziegelgebäude mit eisenunterstütztem Dach, doch beeindruckt vom gerade fertiggestellten Ostbahnhof Gare de L'Est und dem «Kristallpalast» der Londoner Weltausstellung von 1851 erklärte Napoleon III., er wolle da «nur Eisen verwendet sehen, nichts als Eisen». Auch für die Form der Architektur hatte der Alleinherrscher über Frankreich seine fixe Idee: «Machen Sie mir Regenschirme», soll er zum Architekten Baltard gesagt haben.

Aus der damals neuesten Technologie, mit Glasplatten bedeckten schmalen, fast «immateriell» wirkenden Eisengebilden, baute Baltard daraufhin während eines halben Jahrzehnts die im Volks-

mund noch heute nach ihm benannten Großmarkthallen. Es handelte sich um zehn mit transparenten Glasdächern überspannte Marktstraßen von je über hundert Metern Länge, von denen jede «Straße» einem bestimmten Produkt gewidmet war – vom Fleisch über Milchprodukte zu Gemüse, Backwaren und Blumen. Mehr als hundert Jahre lang, bis 1969, deckte sich der gesamte Einzelhandel von Paris und der nahen Vorstädte an diesem Großmarkt mit allen ver-

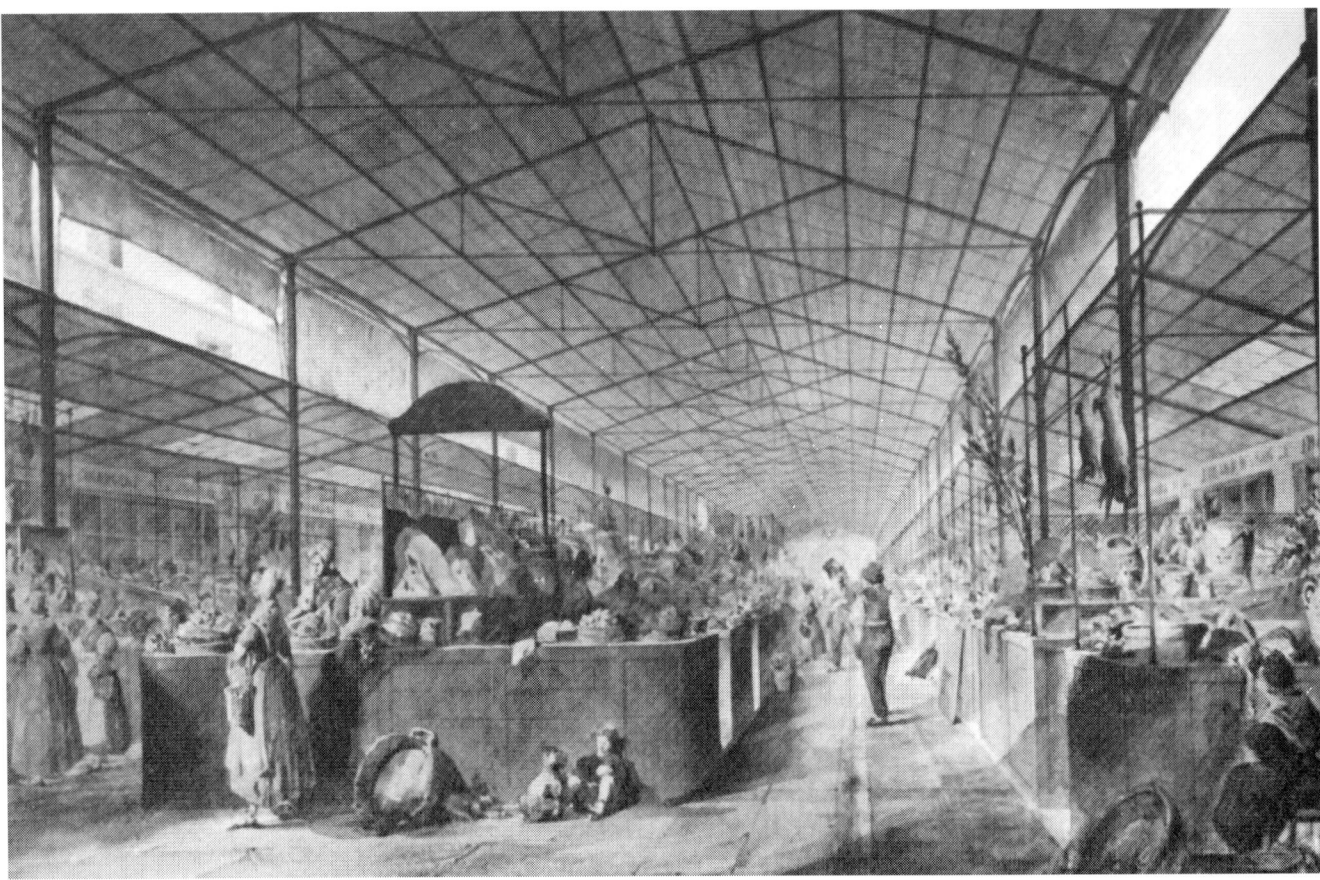

Napoleons III. technische Anweisung zum Hallen- bau, «Regen- schirme zu machen», wird hier deutlich sichtbar: eine der Hallen im 19. Jh.

derblichen Produkten des täglichen Lebens ein. Heute erkennen die Architekturhistoriker in diesem Bauwerk fast einhellig den bedeutendsten Nutzbau, den Paris im Zeitalter der Industrialisierung erhalten hatte.

Wer immer die «früheren Hallen», wie man heute sagt, als Augenzeuge erlebte, kommt noch heute ins Schwärmen: Die Berge von Blumen, Frischgemüse und Fischen, die sich von den ersten Tagesstunden an vor und unter den Hallen von Baltard türmten, waren für Fremde wie Einwohner ein fast mythisches Erlebnis. «Der Bauch von Paris» sagte man zu diesem Zentralgroßmarkt, und der

Ausdruck war durchaus richtig: man hatte ja auch buchstäblich vor Augen, was die Riesenstadt an einem Tag, bis zur nächsten Anlieferung im darauffolgenden Morgengrauen, verbrauchen und verzehren würde, um ihr unüberschaubares Getriebe aus Millionen Seelen aufrechtzuerhalten.

Emile Zola hat diesen ursprünglichen «Hallen» in seinem Roman «Le ventre de Paris» (1873) ein literarisches Denkmal gesetzt. Was rund um diesen Riesenmarkt, an dem rund um die Uhr an- und abgeliefert wurde, an schönen und auch abstoßenden Erscheinungen zu Tage trat, hat der Hauptvertreter des realisti-

Cézannes regelmäßige Morgenspaziergänge

Hallen – damals modernster Zentralgroßmarkt mit Kühlsystem

schen Literaturstils unnachahmlich beschrieben. Hinter dem Haupthelden des Romans, einem vom Zweifel geplagten Maler, der vor einem morgendlichen Blumenkohlhaufen in Verzückung ausbrechen konnte, verbirgt sich übrigens wahrscheinlich niemand anderer als Paul Cézanne (1839 – 1906), der Vater

Ein großer Bewunderer der Hallen: Paul Cézanne, Vater der modernen Malerei, in einem seiner mehr als 30 Selbstporträts – hier als 36jähriger

der modernen Kunst, mit dem Zola in jener Zeit regelmässige Spaziergänge in diesem Teil von Paris unternahm.

Es wird heute fast einstimmig als architekturgeschichtlich nicht wiedergutzumachender Fehler angesehen, daß man

diese «Hallen» von Victor Baltard in den Jahren 1972 bis 1974 ganz einfach abreißen ließ. Man mag darin eine dieser Radikallösungen sehen, die den Franzosen oft sehr lieb sind, nachdem zuvor jahrzehntelang in einem ebenso tiefverwurzelten Konservatismus die notwendigsten Reformen unterlassen wurden oder aufgrund verschiedenster Widerstände nicht zustandekamen. Zum Zeitpunkt seiner Errichtung in der Mitte des 19. Jahrhunderts war der Zentralgroßmarkt in der Stadtmitte das Modernste vom Modernsten und ein in vielen Städten Frankreichs und des Auslands nachgeahmtes Beispiel.

Die Konzentration aller verderblichen Waren an einem von allen Seiten gleich zugänglichen Punkt der Stadt ermöglichte erstmals die Auferlegung moderner Hygienenormen, umsomehr als die Hallenbauten von Victor Baltard ausgedehnte Keller mit neuartigen Kühlsystemen aufwiesen. Auch führte der Zentralgroßmarkt mit der umfassenden Konkurrenz unter Groß- und Zwischenhändlern erst zur Ausbildung einer modernen Marktsituation bei den für die Versorgung der Großstadt unerläßlichen Waren, da Angebot und Nachfrage zum ersten Mal überschaubar waren und die Handelspraktiken von der öffentlichen Hand überwachbar wurden. Ein halbes Jahrhundert hindurch bedeuteten die «Hallen» somit einen spürbaren Fortschritt für die Lebensumstände in Paris. Doch schon mit der zweiten Industrialisierungs- und Zuwanderungswelle des frühen 20. Jahrhunderts wurden die «Hallen» zunehmend zu einem Anachronismus. Die zehn von Baltard errichteten Pavillons konnten die Warenmassen nicht mehr aufnehmen und waren nunmehr ständig überfüllt, wodurch die Handelsaktivität bis in die Nebenstraßen ausgriff. Städtebauexperten mahnten schon nach dem Ersten Weltkrieg an, daß man nicht umhinkommen werde, einen neuen Zentralgroßmarkt weit außerhalb der Stadtgrenzen zu errichten. Doch die Stadtväter entschieden 1934 anders: die Vollendung von vier weiteren Marktstraßen, die Baltard 1870 nicht mehr fertiggestellt hatte, sollte das Problem lösen...

Noch kurioser war eine zweite Entscheidung der Stadtverwaltung im Jahre 1945: Zwar erkannte man die Notwendigkeit einer Evakuierung des Großmarktes allein schon aus hygienischen Gründen nunmehr an, und man beschloß auch als neuen Standort das bisherige Dorf Rungis im Süden weit vor der Stadt, doch aus Gründen der Amortisierung der Investition von 1934 solle vorerst alles beim alten bleiben. Es bedurfte, wie so oft in Frankreich, eines politischen Umbruchs ersten Ranges, nämlich der Direktwahl des Staatspräsidenten ab 1965, die mit einer neuartigen Machtfülle des Generals de Gaulle verbunden war, um eine Entscheidung in der kaum noch haltbaren Situation herbeizuführen: 1969 wurde der Großhandel für die mittlerweile auf zehn Millionen Einwohner angewachsene Region von Paris und seiner Vorstädte endlich aus dem unmittelbaren Stadtzentrum nach Rungis verlagert.

Die Zustände rund um die «Hallen» waren in den fünfziger und sechziger Jahren zwar vielleicht auf den ersten Blick romantisch, mit den rund um die Uhr geöffneten Bistros und Restaurants, die sich um die Glas-Eisen-Bauten von Baltard angesiedelt hatten, mit den kuriosen Figuren, die hier immer herumzogen, und den Bergen von Warenabfällen, die ständig anfielen. Doch für die Einwohner der Innenstadt am rechten Seineufer waren die Verhältnisse, allein vom Lärm und dem Geruch her, zugleich auch unerträglich.

Erst nach der Verlagerung des Zentralgroßmarkts nach Rungis begann die Debatte, was denn mit den «Hallen» von Baltard geschehen solle. Schließlich entschied sich der neue Staatschef Georges Pompidou, der zuvor der engste Mitarbeiter von de Gaulle gewesen war, Ende 1971 für den völligen und ersatzlosen Abriß – ein nicht wiedergutzumachender Fehler, wie man heute weiß. Nur die zur Konzert- und Messehalle umgebaute «Grande Halle» im Park von La Villette, am östlichen Rand des historischen Paris, zeugt seit den achtziger Jahren wieder von der Schönheit und Leichtigkeit der Konstruktion Baltards.

An die Stelle der historischen «Hallen» trat für mehrere Jahre eine riesige Baugrube, bis der nächste Staatspräsident Valéry Giscard d'Estaing 1976 das heute noch bestehende Einkaufszentrum bauen ließ. Diese «die neuen Hallen», eine bei den Einwohnern von Paris wenig beliebte Shopping-City, ist immerhin wirtschaftlich ein Erfolg: Infolge der beispiellosen Umsätze der vom Warenangebot her banalen Kleider-, Schuh- und Plattenläden der «neuen Hallen», unter denen alle Vorortlinien der Regionalschnellbahn und die Metro zusammenlaufen, haben japanische Financiers bereits Mitte der achtziger Jahre das halbe Einkaufszentrum aufgekauft. Und infolge der besonderen Passantendichte, die das Viertel mit vielen auf die Straße hinauslaufenden Läden und Restaurants heute aufweist, ist das öffentliche Leben mit Rap-Musikern, Tänzern, Jongleuren und dem besten Pariser Markt für alte Postkarten auch heute wieder sehr belebt geworden.

Wie um diese berechtigten Kritiken Lügen zu strafen, erhebt sich gleich neben den «Hallen» das gelungenste Beispiel einer radikalen Modernisierung in Paris. Das Centre Pompidou ist seit seiner Eröffnung im März 1977 der größte neue Publikumsmagnet der Seinestadt. Mehr als fünf Millionen Besucher, bald soviele wie am Eiffelturm, besuchen jährlich das avantgardistische Gebäude, das in den ersten Jahren seines Bestehens im Volksmund durchaus entsprechend «Die Raffinerie» genannt wurde. Insgesamt hat diese Institution, die wiederholt in aller Welt in verschiedenster Form nachgeahmt wurde, die Vorstellung von Kultur wohl eingehender geändert als alle anderen neuen Kulturbauten der letzten dreißig Jahre, einschließlich der nachfolgenden Großprojekte des sozialistischen Staatschefs Mitterrand.

Dabei war das Centre Pompidou anfänglich ebenso umstritten wie die «neuen Hallen» oder der Grand Louvre. Unmittelbar nach seiner Wahl zum Staatspräsidenten in Nachfolge General de Gaulles im Jahr 1969 hatte Georges Pompidou, der zuvor jahrelang Premierminister gewesen war, die Errichtung eines «Kunstzentrums, in dem alle Sparten des kreativen Schaffens vereinigt sein sollten, von der bildenden Kunst bis zum Theater und eine große Bibliothek», zu einem der wichtigsten Vorhaben seiner Amtszeit erklärt.

Da Pompidou zugleich, wie wir bereits sahen, Wolkenkratzer im Stadtzentrum von Paris errichten wollte und das öffentliche Klima in Frankreich nach der Studentenrevolte des Mai 1968 überaus angeheizt war, formierte sich rasch eine Front entschiedener Gegner, die von der außerparlamentarischen Linken bis zu den Konservativen reichte.

Umsomehr, als wieder einmal, wie so oft bei großen Bauvorhaben in Paris, zuallererst ohne viel Federlesens abgerissen wurde: Das Plateau Beaubourg, wie das Viertel hieß, an dessen Stelle sich heute das Centre Pompidou erhebt, war ein Arme-Leute-Viertel ohne besondere Anziehungskraft. Für die vierzig Meter tief in die Erde gesenkten Fundamente des Centre Pompidou, vor allem aber für die großen Sanierungskampagnen an den umliegenden Straßen wie dem Quartier de l'Horloge, in dem man in der Folge ein Appartmentviertel für reiche Leute errichtete, rissen die Bulldozer erst einmal Dutzende schmaler Häuser oft aus dem 17. und 18. Jahrhundert weg, bevor noch der Architekt für das künftige Kulturhaus der Superlative feststand.

Daß das umstrittene Unternehmen schließlich so gelungen ausfiel, verdankt sich einer Reihe von Zufällen. So etwa haben progressive Mitglieder der Architekturjury, die Pompidou bei der Auswahl der Bauvorschläge beraten sollte, dem schon schwerkranken Staatschef 1973 ein Modell des Hauses aufgedrängt, das seinen persönlichen Vorstellungen eigentlich zuwiderlief. Daß Pompidou der vom englisch-italienischen Architektenteam Richard Rogers-Renzo Piano vorgelegten Idee dennoch zustimmte, gereicht ihm heute umsomehr zur Ehre, als er wußte, daß er die Vollendung des Baus um Jahre nicht mehr erleben würde. Ab der Eröffnung aber wurde das Haus buchstäblich zu einem Weltstar.

Es gab kaum eine Zeitung und kaum ein Magazin auf den fünf Kontinenten, das nicht binnen Jahresfrist von dem absonderlichen, riesigen Museumsbau in Paris berichtete. Erstmals seit den Nachkriegsjahren war Paris in Sachen Kultur wieder in aller Munde.

Noch heute stehen selbst Einwohner der Region um Paris häufig verwundert vor dem Gebäude, das in seiner Form recht beispiellos ist. Deshalb sei es kurz erklärt. Die Konzeption ist tatsächlich reichlich ungewöhnlich, da es sich um die einzige monumentale Verwirklichung einer Architekturbewegung handelt, die unter der Bezeichnung «Utopische Architektur» in die Architekturgeschichte einging. Ab den frühen sechziger Jahren hatten zumeist junge Architekten in Europa, den USA und Japan versucht, aus neuen Baustoffen wie Plastik, Aluminium und Fiberglas, die zuvor unvorstellbare Spannungswerte und Formbarkeiten zuließen, auch vollständig neue Konzeptionen des Hauses zu entwickeln.

Fast alle diese Versuche blieben im Stadium des Modells und der Entwurfszeichnung. Denn niemand wollte oder konnte einen solchen Bau großen Formats auch wirklich bezahlen – bis der französische Staat als Bauherr auftrat, in dem die zentralistische, auf Paris ausgerichtete Organisation und die beispiellose Stellung des Präsidenten die nötigen Geld- und Machtmittel bereitstellten.

Die «utopische Idee» der Architekten Richard Rogers und Renzo Piano bestand darin, das Museum, das alle Bereiche des künstlerischen Schaffens in sich aufnehmen sollte, nicht ausgehend von den traditionellen Formen eines Hauses zu planen, sondern von zwei Absichten, die jedem vernünftigen Menschen zunächst als mit einem Haus unvereinbar erscheinen: das Gebäude sollte zum Einen transparent sein, in jedem Raum vom Museum bis zur Bibliothek von außen einsehbar und nach außen durchsichtig; und zum zweiten sollten sämtliche Versorgungseinrichtungen, vom Stiegenhaus bis zur Lüftungs- und Klimaanlage, unverstreckt außen liegen. Darin kamen die Ideen der Protestbewegung von 1968 zum Ausdruck, die die Kultur für jedermann zugänglich machen und die ansonsten verborgene Struktur einer Institution nicht länger verbergen wollte. Das Ergebnis besticht bis heute: Die bunt gestrichenen Versorgungssysteme an der Rückseite des Centre Pompidou, die einst die polemische Bezeichnung «Bohrtürme» auslösten, bilden noch immer einen überraschenden Anblick im Pariser Straßengeflecht, haben sich für unser Auge aber auch bereits harmonisch in die Stadtlandschaft eingefügt. Und die große, durchsichtige Fassade an der Hauptfront mit dem stufenweise aufsteigenden Rolltreppentunnel macht nach wie vor spontan neugierig auf Kultur.

Manch einer meint seit der Eröffnung der «Kulturmaschine», wie man das Centre Pompidou seit der Eröffnung auch nennt, das Gebäude sei allzusehr selbst der Star, anstelle etwa Lust auf den Besuch des französischen Nationalmuseums moderner Kunst zu machen, das sich im dritten und vierten Stock des Gebäudes entfaltet und das die weltweit hochwertigste Sammlung an Kunst des 20. Jahrhunderts neben dem New Yorker Museum of Modern Art besitzt. Tatsächlich betragen die Besucherzahlen im Museumsteil des Centre Pompidou und bei den Großausstellungen moderner Kunst, die auf der Dachebene des fünften Stocks stattfinden, insgesamt kaum ein Fünftel der Gesamtbesucherzahl des «Centre».

«Die meisten Leute fahren bloß mit der Rolltreppe auf und ab, weil der Ausblick fast so schön wie vom Eiffelturm ist, wir dafür aber keinen Eintritt nehmen», klagen die Kustoden des Museums. Eine ehemalige Präsidentin des Centre Pompidou fügte hinzu, als ich sie dazu befragte: «Wir haben sogar die gleichen Probleme wie beim Eiffelturm. Dort aber haben sie Selbstmördergitter.»

Selbst wenn man in keine einzige der rund zehn ständig angebotenen Ausstellungen und Museumstrakte geht – mehrere kleine Ausstellungen werden ständig auch gratis angeboten – und nur das von den Kustoden des Nationalmuseums beklagte «Auf- und Abfahren auf den Rolltreppen» betreibt, gibt die «Kulturmaschine» aber einen Einblick davon, was Künstler und Architekten heute beschäftigt. Diesen Geniestreich von Rogers und Piano hat bislang kein anderes Bauunternehmen in Paris zu wiederholen vermocht.

Heute hat das Centre Pompidou große Probleme. Selbst für das freie Auge sind die Abnützungserscheinungen an den ansonsten so beeindruckenden Röhrenteilen auffällig, von den internen bürokratischen Problemen eines Personalstands von 1200 Mitarbeitern gar nicht zu reden. Vor allem aber ergeben sich die Schwierigkeiten aus dem von den Planern völlig unvorhergesehenen Erfolg des Gebäudes. Fünftausend Besucher täglich nahmen die Architekten und ihre Auftraggeber als Höchstzahl der Benützer an. Ursprünglich stand sogar eine mögliche Abtragung nach zwanzig Jahren im Baukonzept. Seit der Eröffnung 1977 aber betreten zwanzig- bis dreißigtausend Besucher täglich – fünf- bis sechsmal soviel wie projektiert – das Gebäude, und von dem ursprünglich eingeplanten Abriß will selbstverständlich kein Politiker bei einem derart symbol-

trächtig gewordenen Haus mehr etwas wissen.

So beginnt das Centre Pompidou bis zum zwanzigsten Jahrestag seines Bestehens im Jahr 1997 eine äußerst kostspielige Runderneuerung. Viele Bauteile, darunter nunmehr auszutauschende tragende Säulen, sind aufgrund der einmaligen Konzeption des Gebäudes Einzelstücke, die vor zwanzig Jahren gerade einmal für das Centre Pompidou ausgeführt wurden, und zwar bei Krupp in Deutschland. Das deutsche Unternehmen hat in den siebziger Jahren die meisten Stahlteile für das Centre Pompidou angefertigt, da in Frankreich damals keine Firma technisch so weit war, um diesen ungewöhnlichen Auftrag erfüllen zu können.

Sinnliche Pariser Malerei von Pierre-Auguste Renoir (1841 – 1919)

Von der Bastille zu den Grands Travaux:
Die Großbauten Ende des 20. Jahrhunderts

Wer immer heute in Paris umherfährt, ob als Einwohner mit dem stets gedrängten Terminkalender des Berufslebens in dieser Stadt oder als jemand, der von außen kommt, um die Stadt als solche zu genießen: niemand kann die Monumente und spektakulären Kulturbauten übersehen, die im Verlauf der achtziger Jahre errichtet wurden und das neue Erscheinungsbild, mehr aber noch das Aushängeschild von Paris als Kulturmetropole ausmachen. Vom Grand Louvre mit der Glaspyramide des koreanisch-amerikanischen Architekten Ieo Ming Pei bis zum Grande Arche im Wolkenkratzer-Viertel von La Défense als Verlängerung der Achse über die Champs-Elysées und den Triumphbogen ergibt sich insbesondere nachts, wenn diese Monumente angestrahlt sind, einer der schönsten Fernblicke in einer modernen Großstadt. Gegenüber dem spektakulär ausgebauten Louvre-Museum liegt, auf der anderen Seineseite, das 1986 eröffnete Musée d'Orsay, das größte auf Kunst des 19. Jahrhunderts spezialisierte Museum der Welt, das in der riesigen Halle des stillgelegten Bahnhofs Quai d'Orsay errichtet wurde.

Bahnhof Quai d'Orsay im 19. Jh. – heute Musée d'Orsay (siehe Farbbildseiten 28 und 29)

Wo ursprünglich dampflokgetriebene Züge abfuhren, stehen und hängen heute die Meisterwerke von der Romantik bis zum Impressionismus. Nicht weniger spektakulär ist die gleichfalls 1986 eröffnete Cité des Sciences et de l'Industrie in La Villette am östlichen Rand der historischen Stadtbezirke von Paris, ein Technikmuseum der Zukunft, in dem von Biologie und Genforschung bis zur Raumfahrt nicht die Geschichte der Technik vorgeführt wird wie in herkömmlichen Wissenschaftsmuseen, sondern die jeweils neuesten Entwicklungen, die unsere Welt von morgen ausmachen werden. Auch hier sind die Ausmaße des Baues gigantisch: In der großen Mittelhalle hätte der Arc de Triomphe, der die Champs-Elysées abschließt, dreimal Platz, und die vor dem Haus in einem eigens angefertigten Teich aufgestellte «Géode», ein kugelförmiger Kinosaal für wissenschaftliche Science-fiction-Filme von 36 Meter Durchmesser und einer rundum verspiegelten Außenfläche, wirkt wie ein enormer gestrandeter Meteorit.

Zu den Grands Travaux, den Großbauten, die Paris der Amtszeit des sozialistischen Staatspräsidenten François Mitterrand zwischen 1981 und 1995 verdankt, zählt aber auch unweit der Cité des Sciences eine weniger «gigantomanische» Institution: die erst 1995 eröffnete Cité de la Musique, gleichfalls in La Villette gelegen, eine Art Centre Pompidou für alle Aspekte der Musik, dessen sehenswerte Architektur von Christian de Portzamparc mehrfach international preisgekrönt wurde. Neben hochmodernen Konzertsälen und Lehr- und Proberäumen für mehrere tausend Musikschüler enthält die Cité de la Musique auch die legendäre Musikinstrumentensammlung des Pariser Konservatoriums in einer Neuaufstellung.

Der Besucher wird zwischen den Geigen Paganinis und den heutigen Musikcomputern mit infrarotbestrahlten Kopfhörern und Kommentaren in seiner Landessprache geleitet. Auch der zwischen den beiden Monumenten, dem Technikmuseum der Cité des Sciences und der Musikstadt Cité de la Musique, gelegene Park ist übrigens im Rahmen der Grands Travaux angelegt worden. Der Schweizer Architekt Bernhard Tschumi hat hier einen «postmodernen» Garten aus allerlei Versatzstücken verschiedenster Kulturperioden und einigen Riesenkunstwerken gestaltet, wie dem «eingegrabenen Fahrrad» des amerikanischen Pop Art-Künstlers Claes Oldenburg.

Die Qualität dieses «Tschumi-Parks» wird man erst in einigen Jahren wahrnehmen können, wenn der Baumbestand herangewachsen ist. Doch ist der Garten, nicht zuletzt wegen der schönen Ausflugsmöglichkeiten am Canal Saint-Martin, der ihn durchzieht, schon heute vielbesucht und eine der großen Gartenanlagen von Paris wie der Parc Monceau, der Jardin du Luxembourg und der Tuilerien-Garten vor dem Louvre.

*Die Bastille
wird am
14. Juli 1789
(Quatorze
Juillet, heute
Frankreichs
Nationalfeier-
tag) erstürmt*

Architektonisch weniger gelungen, da zu klobig und schwer ausgefallen, ist dagegen das große musikalische Aushängeschild der Grands Travaux, die 1989 eröffnete Opéra Bastille am Bastille-Platz. Sie hätte durchaus etwas von der Leichtigkeit des «Freiheitsgenies» vertragen, das – gleichfalls 1989 frisch vergoldet – vor dem Monumentalbau auf der Revolutionssäule schwebt. Mit der Opéra Bastille wollte der Sozialist Mitterrand ein populäres Opernhaus im Gegensatz zum großbürgerlichen Prunk der alten Opéra Garnier (1862 bis 1875) errichten, die am anderen Ende des Boulevardbogens des rechten Seineufers den krönenden Abschluß der Avenue de l'Opéra und das wichtigste Monument des Zweiten Kaiserreichs von Napoleon III. bildet, dem Neffen des Revolutionsfeldherrn und ersten Franzosenkaisers Napoleon.

Die Symbolik des Standorts der neuen Oper am Bastille-Platz ist gut gewählt. An dieser Stelle begann mit der Erstürmung der Gefängnisfestung Bastille am 14. Juli 1789 die Französische Revolution. Auch die 1840 errichtete Freiheitssäule, die noch heute den Mittelpunkt des schönen Platzes bildet, gedenkt einer Revolution, nämlich der sogenannten Julirevolution vom 27., 28. und 29. Juli 1830, als Arbeiter und Liberale die französischen Bourbonenkönige vom Thron vertrieben, die nach der Niederringung Napoleons im Jahre 1815 von Preußen, Rußland und Österreich wiedereingesetzt worden waren.

Die Toten dieser Revolution sind im Sockel der Julisäule auf dem Bastille-Platz begraben, und so signalisiert die neue Oper, die mit 2700 Sitzplätzen im großen Saal und billigeren Eintrittskarten tatsächlich «volkstümlicher» und zugänglicher ist als die alte Opéra Garnier, laut Mitterrands langjährigem Kulturminister Jack Lang nicht mehr und nicht weniger als die Eroberung der Kultur durch das Volk zweihundert Jahre nach der großen Französischen Revolution.

In diesem östlichen Stadtteil von Paris, der noch Anfang der achtziger Jahre einen etwas heruntergekommenen Eindruck machte, sind noch drei weitere Bauten angesiedelt, die den Reigen der Grands Travaux beschließen. Das neue Wirtschafts- und Finanzministerium, am Bercy-Quai quer zur Flußrichtung der Seine gelegen, hat zwar gewiß allein schon durch die dreitausend Beamten, die in ihm tätig sind, das zuvor triste Bercy-Viertel hinter dem Südbahnhof Gare de Lyon wiederbelebt, wozu auch die Errichtung einer riesigen Konzert- und Sporthalle einen Steinwurf weiter beitrug. Eine architektonische Meisterleistung ist das 1988 eingeweihte Wirtschafts- und Finanzministerium (Architekten: Paul Chemetov und Bernard Huidobro) jedoch gewiß nicht. Der ehemalige Staatspräsident Mitterrand hat es auch ganz richtig «Autobahnmautstelle» genannt, während Architekturkritiker sich nicht zu Unrecht an stalinistische Architektur erinnert fühlten.

Dafür gibt es fast gegenüber, auf dem linken Seineufer gleichfalls im Osten von Paris, zwei architektonische Meisterstücke aus dem Bauprogramm der Grands Travaux. In direkter Achse vom Bastille-Platz, am Pont de Sully, hat der französische «minimalistische» Architekt Jean Nouvel 1987 das arabische Kulturzentrum Institut du Monde Arabe allein aus Glas und fast unsichtbaren Stahlträgern hingesetzt, wobei ein technisch ausgeklügeltes System aus motorgetriebenen Aluplatten, die den früheren Zentralverschlüssen von Fotoapparaten nachempfunden sind, den Lichteinfall regelt und zugleich an die Muster arabischer Häuserdekorationen

*Der Pariser
Südbahnhof –
Gare du Lyon –
im 19. Jh.*

erinnert. Auf dem mit weißem Marmor ausgelegten Vorplatz wird es bei einiger Sonneneinstrahlung durch die Reflexion dieser alubewehrten Fassade übrigens bisweilen so heiß, daß man sich tatsächlich in einem arabischen Land wähnen könnte.

Knapp vor dem Ende der Amtszeit Mitterrands im Mai 1995 eingeweiht wurde etwas weiter stadtauswärts am linken Seineufer, hinter dem Südwestbahnhof Gare d'Austerlitz, die neue Nationalbibliothek, die der junge französische Architekt Dominique Perrault mit vier glasverkleideten Türmen von je 40 Meter Höhe ausgestattet hat, deren offene

Form an aufgeschlagene Bücher erinnert und die einen verschlossenen Park von sechs Hektar Grundfläche einschließen. Das «Monument ohne Mauern», wie der Architekt sein unkonventionelles Gebäude selbst bezeichnet, bestimmt bereits heute den Horizont im Ostteil von Paris ebenso markant, wie des Grande Arche im Westen weithin sichtbar durch den Nachhimmel leuchtet.

Über die Grands Travaux des Präsidenten Mitterrand wurde seit zehn Jahren mehr geschrieben, als über jedes andere Paris-Thema. Und was wurde da nicht alles behauptet! Von «pharaonischen Bauten» war häufig die Rede und davon, daß ein von Eigenliebe erfaßter Staatschef sich hier Denkmäler zu Lebzeiten setzen wollte. Ebenso oft gebraucht wurde die Vokabel der «Gigantomanie», und selbst in Frankreich herrschte bis 1989, als die meisten dieser Bauten ihrer Bestimmung übergeben wurden, die Meinung vor, es handle sich um eitle Steckenpferde des Präsidenten, die vor allem hinausgeworfenes Steuergeld darstellten.

Tatsächlich sind die eingesetzten Geldsummen dieser Großbauten beachtlich. Der Ausbau des Louvre-Museums zum Grand Louvre kostete bis November 1993, als der größte Bauabschnitt, der Aile Richelieu, eröffnet wurde, 5,6 Milliarden Franc (etwa 1,6 Milliarden Mark). Die Gesamtkosten bis zur endgültigen Fertigstellung des Louvre-Ausbaus, zu dem bis 1997 auch der Tuileriengarten zwischen dem Louvre-Schloß und dem Place de la Concorde vollständig neubepflanzt wird, sollen 9 Milliarden Franc betragen (etwa 2,6 Milliarden Mark).

Dazu kommen 7,2 Milliarden Franc (etwa zwei Millarden Mark) für die neue Nationalbibliothek «Bibliothèque de France», 5,4 Milliarden Franc (1,5 Mrd. Mark) für die Cité des Sciences et de l'Industrie, 3,9 Milliarden Franc (1,1 Milliarden Mark) für das Wirtschafts- und Finanzministerium, 3,5 Milliarden (1 Mrd. Mark) für den Grande Arche in La Défense, 2,8 Milliarden (800 Millionen Mark) für die Opéra Bastille, je 1,3 Milliarden (370 Millionen Mark) für das

Musée d'Orsay und den «Tschumi-Park» in La Villette, 964 Millionen (275 Millionen Mark) für die Cité de la Musique, 424 Millionen (121 Millionen Mark) für das Institut du Monde Arabe. Insgesamt beläuft sich die Rechnung für die Grands Travaux auf knapp 36 Milliarden Franc, oder etwas mehr als zehn Milliarden Mark. Gewiß eine stolze Summe, die selbst Frankreich wohl nicht mehr so bald für Kulturbauvorhaben einsetzen wird.

So wurden auch wiederholt die verschiedensten Vergleiche angestellt. Die Errichtung des Centre Georges Pompidou hatte zwischen 1972 und 1977 rund fünf Milliarden Franc gekostet, was etwa dem Preis eines Flugzeugträgers entspricht. Die 36 Milliarden der Großbauten Mitterrands wiegen im Staatsbudget etwa ebenso schwer wie die Anschaffung einer größeren Düsenjägerstaffel oder die Änderung des Familiengeldes um einige Prozent, die sich nicht einschneidend im Budget der Haushalte auswirken. So gesehen, relativieren sich die zunächst überaus beeindruckenden Beträge.

Eines scheint gewiß: Die «Großbauten» des Präsidenten Mitterrand haben das Antlitz von Paris nachhaltig verändert. Sie wurden nicht umsonst an jene Punkte der Stadt gesetzt, die zuvor ein städtebauliches Defizit aufwiesen. Und sie haben die Rolle von Paris als der Kulturstadt schlechthin mit den Mitteln des ausgehenden 20. Jahrhunderts und mit großer Geste wiederhergestellt. Paris besitzt heute wohl die besten Museen Europas und einige der wichtigsten Architekturdenkmäler unserer Zeit.

Auch in der Tourismusbilanz hat sich dies bereits ausgewirkt: Paris ist seit der zweiten Hälfte der achtziger Jahre, als das Musée d'Orsay und auch das Picasso-Museum im Hotel Salé eröffnet wurden, wieder weltweit Nummer Eins unter den Städtereisezielen, ebenso wie im Bereich der Kongresse und Tagungen. Und auch im Gesamttourismus hat sich Frankreich im selben Zeitraum vor alle anderen Konkurrenten geschoben. 60,6 Millionen Besucher kamen 1994 nach Frankreich – mehr als in jedes andere Land der Welt.

Die städtebauliche Rolle der Grands Travaux ersieht man bereits aus wenigen Beispielen. Am Standort der neuen Opéra Bastille etwa befand sich zuvor seit der unmittelbaren Nachkriegszeit eine große Baulücke. Im längst stillgelegten Bahnhof Bastille, der hoch über dem Straßenniveau des Platzes als Endpunkt einer auf Viadukten verlaufenden Bahnlinie stand, fanden von Zeit zu Zeit Antiquitätenmessen statt. Im übrigen war er dem Verfall preisgegeben. Daneben standen, in schroffer architektonischer Disharmonie, ein ursprünglich als Provisorium errichtetes Kino und das alte Restaurant La Tour d'Argent. Der schönen, kreisrunden Anlage des Bastilleplatzes war dieses Ensemble nicht würdig und es schien, als sei irgendwann einmal einfach das Geld ausgegangen.

Die neue Opéra Bastille hat den Platz, den sie begrenzt, erst wieder zu einem solchen gemacht und ihm ein geschlossenes Bild verliehen. Dabei ist auch einiges schiefgelaufen. So riß man das Haus mit dem Restaurant La Tour d'Argent erst einmal ab, bis man gewahr wurde, daß es sich um das einzige Gebäude im Viertel gehandelt hatte, das noch «Augenzeuge» des Sturms auf die Bastille am 14. Juli 1789 gewesen war. Daraufhin baute man es an genau derselben Stelle, wo man es abgerissen hatte, nach – wobei die Imitation natürlich das leichtsinnig zerstörte Original nicht ersetzen kann. Der größte Fauxpas aber passierte beim Architekturwettbewerb um die neue Oper.

Wie Präsident François Mitterrand in einem Fernsehinterview knapp vor dem Ende seiner Amtszeit zugab, hielt die internationale Architekturjury, die unter den mehr als tausend Einsendungen für die Opéra Bastille zu wählen hatte, den schließlich gekürten Entwurf für ein skizzenhaft hingeworfenes Projekt des amerikanischen Stararchitekten Richard Meier. «Das wirkt noch klobig, doch Richard Meier wird das Modell gewiß bis zur endgültigen Ausführung noch stark verbessern», soll die Jury beim Zuschlag für das heute verwirklichte Projekt gemeint haben.

Als man dann das Namensschild aufdeckte, das – wie bei derartigen Wettbewerben üblich – zur Wahrung gleicher Chancen der Bewerber abgedeckt war, erwies sich als Einsender des Projekts aber nicht Richard Meier, sondern der argentinische Architekt Carlos Ott. Er hatte dann keine Pfeiler mehr im Köcher, um dem Bau noch eine leichtere, elegantere Form zu verleihen.

Auch der Grande Arche, der monumentale Rundbogen in La Défense, erfüllt zuallererst eine städtebauliche Funktion. Das Wolkenkratzerviertel La Défense war Ende der sechziger Jahre auf dem Terrain des früheren Künstlerdorfs Puteaux vor der Stadtgrenze, aber in direkter Verlängerung der optischen Achse aus dem Boden gestampft worden, die seit Napoleon vom Louvre über den Place de la Concorde und die Aufmarschstraße der Champs-Elysées bis zum Triumphbogen, dem Arc de Triomphe, verläuft. Die überwiegend mit dunklen Fassaden versehenen Bürotürme von La Défense waren dann gerade hoch genug, um diese einmalige optische Perspektive nachhaltig zu stören. Beim Blick von den Champs-Elysées erschien einer dieser schwarzen Gebäuderiesen in der Rundung des Arc de Triomphe und verdarb einem die Lust am Anblick.

Diese in den siebziger Jahren von den Einwohnern von Paris heftig beklagte ästhetische Verfehlung hat der weiße Bogen des Grande Arche nun ausgeglichen, der mit seinen 100 Metern Höhe und den 70 Metern Breite als perspektivisch genaue Vergrößerung des Arc de Triomphe angelegt ist und auch bewußt die gleiche Breite aufweist wie die Champs-Elysées. Auch hat dieser Riesenbogen überhaupt erst dem Neubauviertel von La Défense einen architektonischen Akzent und eine Identität verliehen. Probleme gab und gibt es aber auch mit diesem Bau: Die natürliche Sogwirkung dieses Gebäudes, das die Form eines kurzen Tunnels mit abnorm großem Durchmesser besitzt, wurde so sehr unterschätzt, daß unter normalen Verhältnissen angesichts der durch den Bogen rasenden Luftströme niemand zu Fuß den Eingang erreichen könnte, der sich innerhalb des Bogens befindet.

Selbst das als Windschutz nachträglich hinzugefügte, zeltartige Zwischendach und eine vorgeschobene Glaswand reichten nicht aus. An windigen Tagen bläst unter dem Bogen noch immer Windstärke neun. Der Architekt, der Däne Otto von Spreckelsen, hat sich in diesem Zusammenhang noch vor der Fertigstellung das Leben genommen.

Noch deutlicher wird die städtebauliche Funktion der Grands Travaux bei den im Osten von Paris angesiedelten Bauten, der Bastille-Oper, dem Institut du Monde Arabe, der neuen Nationalbibliothek «Bibliothèque de France», dem Wirtschafts- und Finanzministerium in Bercy. Dieser Osten von Paris war bis in die achtziger Jahre hinein das Stiefkind der Stadtentwicklung. Selbst das Viertel um den Bastilleplatz, das heute dank der Anziehungskraft der neuen Oper eines der lebendigsten Viertel von Paris mit vielen Kneipen, Galerien und Tanzlokalen ist,

Textfortsetzung Seite 97

Der Place de la Concorde, 1763 eröffnet, ist heute die Verkehrs-drehscheibe des westlichen Paris. Der 23 Meter hohe Obelisk aus Luksor wurde 1831 vom damaligen ägyptischen Vizekönig Mehemet-Ali dem französischen Bürger-könig Louis-Philippe geschenkt. Man brauchte fünf Jahre, bis man 1836 den aus einem Stück gemeis-selten Stein aufzurichten vermochte, ohne ihn zu beschädigen. Ganz aber konnte auch dieses Ereignis nicht verges-sen lassen, daß auf die-sem Platz 1793 König Ludwig XVI., der Gemahl von Marie-Antoinette, mit der Guillotine enthauptet wurde, wie damals meh-rere Personen pro Tag

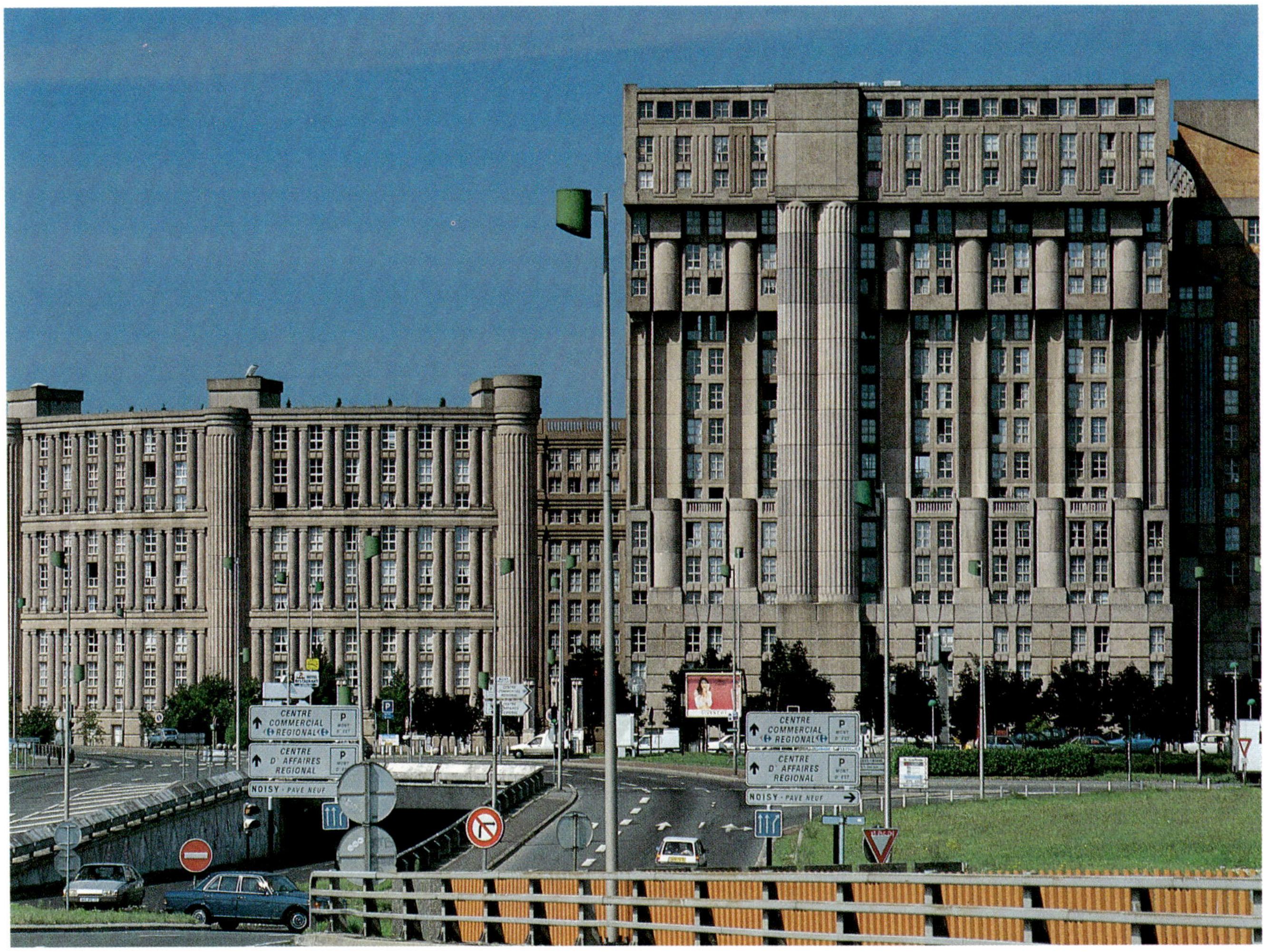
CENTRE COMMERCIAL REGIONAL
CENTRE D AFFAIRES REGIONAL
NOISY - PAVE NEUF

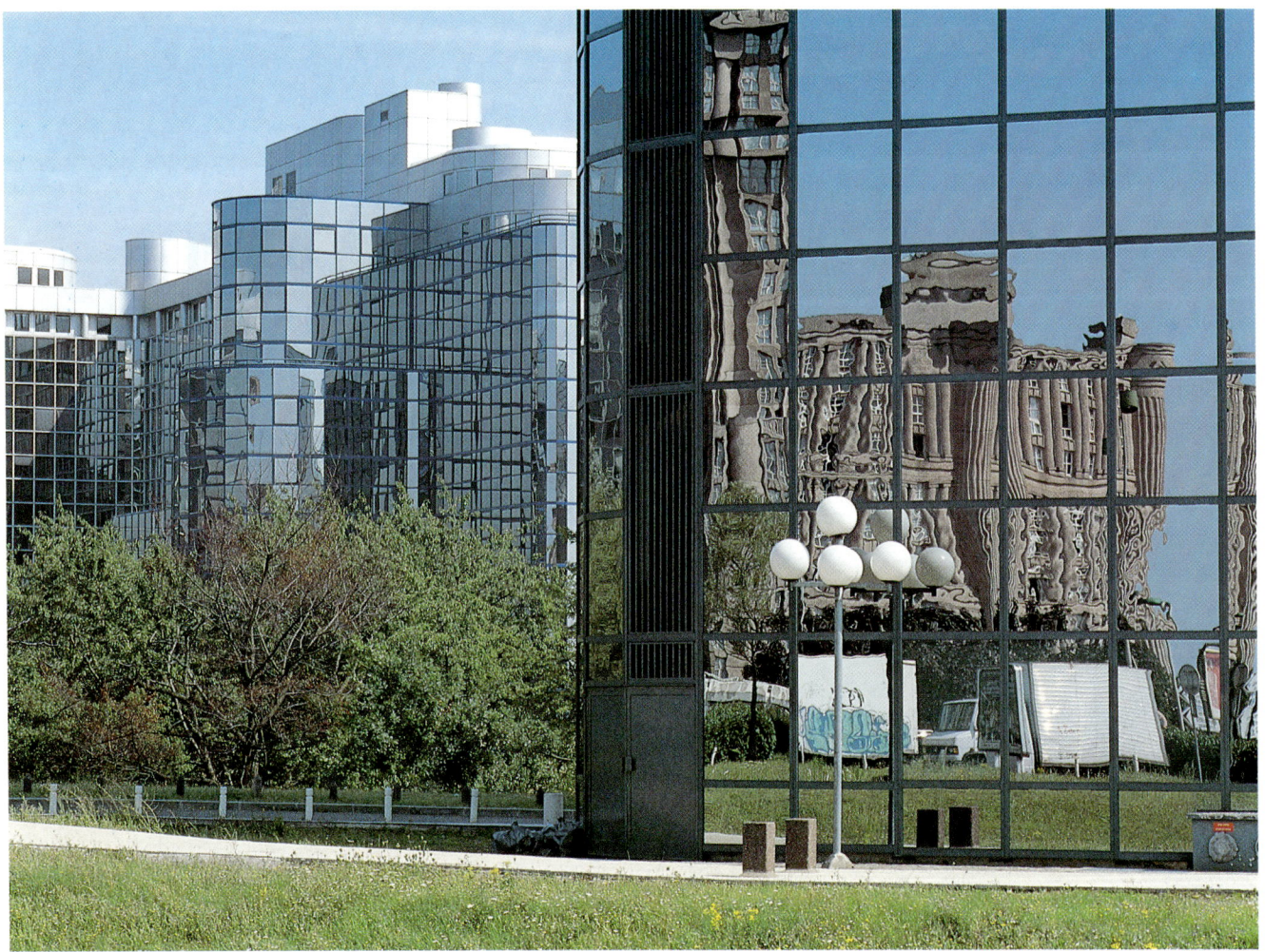

Links und
rechts:
*Marne-La-
Vallée ist die
jüngste von
sechs Traban-
tenstädten,
die die
französische
Regierung zur
Entlastung des
Stadtraums
von Paris in
einer Entfer-
nung von zehn
bis zwanzig
Kilometern
vom Gemein-
degebiet von
Paris ins Leben
rief. Der
spanische
Architekt
Richardo Bof-
fill schuf hier
ein vielbeach-
tetes Ensemble
aus Versatz-
stücken klassi-
scher Schloß-
und Gebäude-
formen, das
nicht so recht
gelungen ist,
wenn man sich
vor Augen hält,
was aus der
Muster-
stadt mit den
bienenwaben-
förmigen Fen-
stern in zehn
Jahren wurde:
ein Ghetto von
Einwanderer-
kindern, unter
denen nur
noch wenige
zur Schule
gehen. Das
Scheitern einer
Einbeziehung
der Vororte in
die Stadt-
entwicklung
von Paris stellt
das größte
Handikap der
Seine-Stadt
im 21. Jahr-
tausend dar*

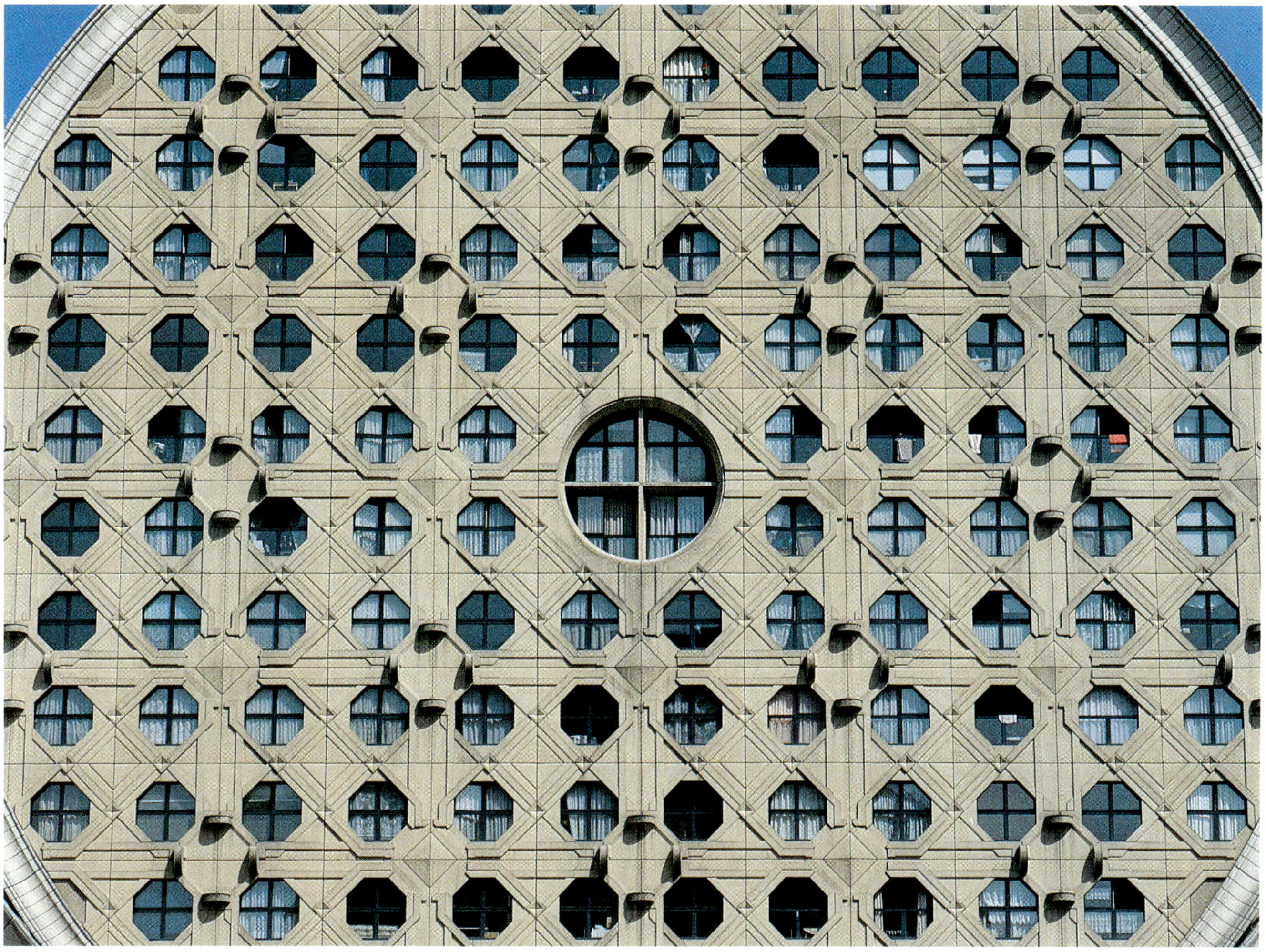

Bild links:
Das neue Hallen-Viertel. Im Vordergrund die Oberlichtbeleuchtung des Schwimmbeckens der «Hallen», das sich heute unter den Grundmauern des ehemaligen Zentralgroßmarkts erhebt. Dahinter die alte Warenbörse aus den fünfziger Jahren des 19. Jahrhunderts

Bilder rechts:
Postmoderne Architektur: Das Mehrzweckstadion in Bercy, unmittelbar am neuen Wirtschaftsministerium gelegen, und einer der in Errichtung befindlichen Türme von La Défense

Nächste Doppelseite: *Metrostation Etienne Marcel. Auch dieser Ort ist historisch beladen. Etienne Marcel, der Vorsteher der Pariser Kaufleute, versuchte hier Mitte des 14. Jahrhunderts, einen Aufstand der kleinen Kaufleute von Paris gegen die entstehende Zentralmacht der französischen Könige durchzustehen. Das Unternehmen war jedoch von vorneherein zum Scheitern verurteilt. Doch Etienne Marcel ist nach wie vor ein Held für jeden französischen Volksschüler*

Übernächste Doppelseite: *Blick von der Pont Notre Dame zur Seine-Insel Ile de la Cité mit der Conciergerie (rechts), ursprünglich Kapetingerschloß, dann Kerkerfestung. Links daneben das Pariser Handelsgericht*

RUE
DES
SAULES

AU
LAPIN AGILE
CABARET
Poëmes et Chansons
VEILLÉES VERS 21ʰ
(Sauf Lundi)

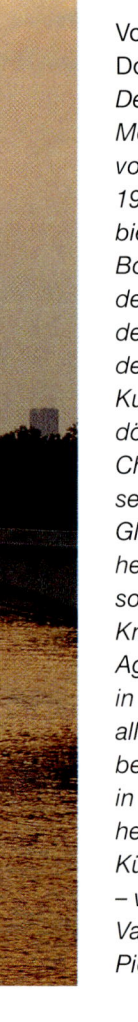

Der Place de la Concorde (Platz der Einheit) bildet den Ausgangspunkt der Pracht- und Aufmarschstraße Champs-Elysées. Er wurde auf einem Sumpfgebiet angelegt

Unten:
Die Brücke Pont Neuf bildet entgegen ihrer Bezeichnung (Neue Brücke) die älteste erhaltene Brücke von Paris und den ersten steinernen Übergang über die Seine

Vorhergehende Doppelseite:
Der Hügel von Montmartre, von 1890 bis 1920 Wohngebiet der Pariser Bohème und der Maler in der Frühzeit der Modernen Kunst, hat den dörflichen Charakter seiner Glanzzeit bis heute bewahrt, sogar die Kneipe «Lapin Agile» ist noch in Betrieb, die allabendlich berühmte wie in Vergessenheit geratene Künstler anzog – von Vincent Van Gogh bis Picasso

Brunnen und Laterne am Place de la Concorde

Unten: Die nächtliche Flußfahrt mit einem der «Bateaux Mouches», die mit weittragenden Scheinwerfern ausgestattet sind, zählt zu den eindrucksvollsten Paris-Erlebnissen

Die Fontaine des Innocents ist der einzige erhaltene Brunnen aus der Renaissance in Paris. Im Jahre 1549 vom Architekten und Bildhauer Jean Goujon fertiggestellt, bildete er bis zum Abriß des Zentralgroßmarkts der Hallen von 1972 bis 1974 den Mittelpunkt eines Stadtviertels, das seine mittelalterliche Gestalt mit engen Gassen und Fachwerkhäusern bis dahin erhalten hatte

Der Jardin du Luxembourg auf dem linken Seineufer bildet zu jeder Jahreszeit einen der charmantesten Orte von Paris. Der französische Garten (23 Hektar) wurde im 17. Jh. für Maria von Medici angelegt, deren Privatschloß Palais du Luxembourg sich im Bildhintergrund ausnimmt. Maria von Medici (1573–1642), Gemahlin König Heinrichs IV., war 1610–17 Frankreichs Regentin

Unten:
Am rechten Seine-Ufer an der Pont-Neuf-Brücke ragt das Großkaufhaus «Samaritaine» empor. Das Dachgeschoß dieses anfangs des 20. Jh. erbauten Warenhauses bietet einen schönen Ausblick über den Louvre und das linke Seine-Ufer «Rive Gauche»

Ein gewagter Kontrast historischer Epochen prägt den Grand Louvre: die Glaspyramide von Ieo Ming Pei mit ihrer kühnen Spannweite neuester Technologie vor der historistischen Fassade des Cour Napoléon mit architektonischen Formen der Vergangenheit. Auch diese Fassade aus den fünfziger Jahren des 19. Jahrhunderts wurde im Rahmen der Neugestaltung des Louvre-Museums in den Jahren 1988 bis 1993 teils vollständig erneuert. Dabei wurden auch die von der Witterung schwer angegriffenen Fortschrittssymbole des 19. Jahrhunderts wieder instandgesetzt, die zuvor kaum noch erkennbar gewesen waren: der kleine Engel am Fassadenfirst rechts vom pyramidalen Dach etwa trägt Eisenbahnlokomotiven und Dampfmaschinen unter dem Arm

*Paris anfangs
19. Jh.: In der
berüchtigten
Kellerspelunke
Café des
Aveugles (Café
der Blinden)
spielt ein
80köpfiges
Orchester –
alles Blinde.
Sehr praktisch
für die sehr
zwielichtigen
Gäste!*

war bis dahin verschlafen und verkommen. Weiter stadtauswärts entlang des Schienenstrangs der ehemaligen Bastille-Bahn gab es Lagerhäuser, Baustoffhandlungen und schüttere Bebauung, aber kein urbanes Leben. Heute hat sich dieser Zustand infolge der Großbauten nachdrücklich gewandelt. In typischem französischen Voluntarismus wurden sie von der staatlichen Planung in das weitgehend brachliegenden Viertel gesetzt, um damit eine privatwirtschaftliche Aktivität erst auszulösen.

Wie es scheint, geht diese Rechnung heute auf. Das Quartier Bercy gilt nunmehr beiderseits der Seine als das bedeutendste Wachstumsareal des 21. Jahrhunderts.

Ein architektonisches Meisterstück hat sich bereits eingestellt: das vom kalifornischen «postmodernen» Architekten Frank Gehry erbaute «American Center», das ein privat geführtes amerikanisches Kulturinstitut mit Ausstellungs-, Kino- und Konzertsälen und Wohnungen für künstlerische und wissenschaftliche Stipendiaten beherbergt.

Gehry hat das 1994 eröffnete Haus mit der ungewöhnlichen Südfassade als eine Collage aus all jenen Bauelementen gestaltet, die er in der traditionellen Pariser Bausubstanz vorfand, den Zinkblechdächern, dem Puzzle aus verschieden hohen Mansarden und den in den ältesten Stadtvierteln ineinanderverschachtelten, schmalen Häusern.

Museumsmaschine Louvre – Hauptstück des neuen Paris

Das Hauptstück des neuen Paris ist ohne Zweifel der «neue Louvre». Inmitten des weiten Cour Napoléon, eines in den fünfziger Jahren des 19. Jahrhunderts von Kaiser Napoleon III. erbauten Aufmarschplatzes mit einer wie aus einem Guß wirkenden neoklassizistischen Fassade, erhebt sich seit März 1989 die berühmte Glaspyramide des koreanisch-amerikanischen Architekten Ieo Ming Pei. Das Bauwerk war in der Phase seiner Entstehung höchst umstritten. So mancher ironisierte über das «pharaonische Gehabe» des Staatschefs Mitterrand, der das durchsichtige geometrische Symbol persönlich bei Pei in Auftrag gegeben hatte. Doch mit der Fertigstellung schlug die Stimmung ebenso markant um: Die «Louvre-Pyramide» ist heute bereits, neben dem Grande Arche, das neue Wahrzeichen von Paris geworden – genau einhundert Jahre nach dem Eiffelturm, der, 1889 für die damalige Weltausstellung errichtet und damals übrigens noch mehr umkämpft, das weltbekannte Symbol von Paris im Industriezeitalter gewesen war.

Insbesondere nachts, wenn die Glaspyramide am Louvre-Vorplatz effektvoll von innen angestrahlt wird, bietet sich mit den beiden Springbrunnen und den drei kleineren Neben-Pyramiden, die Architekt Pei zur Platzgestaltung daneben setzte, ein überwältigender Anblick, der wie im Zeitraffer die beiden Tendenzen des heutigen Pariser Stadtlebens vereint. Die wie von unsichtbarer Hand getragene Glaspyramide, die nur mit Hilfe neuester, computerberechneter Technologie und Baustoffe nicht in sich zusammenstürzt, symbolisiert die bestimmenden Züge unserer Epoche im ausgehenden 20. Jahrhundert: die Explosion der baulichen und technischen Möglichkeiten durch Kunststoffe, Rechenmaschinen und die Miniaturisierung vieler Einzelteile, die früher für die gleichen Lasten breite Stahlbetonträger erfordert hätten; das Aufkommen vollständig neuer Möglichkeiten, die ungeahnte Gebäudeformen, Dimensionen und Transparenzen ermöglicht; und als Gegenzug die Aufwertung gerade der älteren Bausubstanz, die im Falle des Louvre durch die große «optische Lichtlinse», als die die Pyramide nachts wirkt, heute so frisch erscheint wie vor hundertfünfzig Jahren.

Ungeachtet der Polemiken während der Planungs- und Errichtungsphase wurden die Pyramide und mit ihr der Louvre ab der Einweihung 1989 zum Hauptanziehungspunkt in Paris. Architekt Pei hatte dies wohl auch eingeplant, als er aufgefordert wurde, eine bauliche Rundumerneuerung an dem historisch einmaligen Königs- und Museumspalast vorzunehmen, den der Louvre darstellt. So hat Pei bei seiner gewagten Lösung auch bewußt mit jenen Elementen gearbeitet, die Paris im kollektiven Vorstellungsbild seit Jahrzehnten, wenn nicht Jahrhunderten repräsentieren: die «Stadt des Lichts», die «Stadt der Modernität, die «Stadt der Künste» und die «Stadt der geschlossenen baulichen Tradition» haben darin einen gelungenen Ausdruck gefunden.

Tagsüber gehen die schwarze tragende Struktur der Pyramide und der helle Sandstein der Louvre-Fassade einen weit schärferen Kontrast ein, als er nachts unter der gleichmäßigen Beleuchtung erahnbar wird. Aber auch in diesem Fall ist der Dialog von alt und neu, von Stein und stahlgestütztem Glas überaus gelungen. Mit der Entscheidung, für den neuzuerrichtenden Mittelteil des Louvre-Palais die Technologie des stahlgetragenen Glasdaches einzusetzen, hat der Architekt gleichfalls eine Form wiederaufgegriffen, die im alten Paris häufig anzutreffen ist: das Glasdach der Glas-Eisen-Konstruktionen in den Passagen, in Bahnhöfen wie dem Gare du Nord und in den vor einem Vierteljahrhundert abgerissenen «Hallen» von Baltard.

Dadurch tritt das Neue und Ungewöhnliche, in diesem Fall die transparente Pyramide, in etwas vertrauten Klängen auf. Auch dies ist eine traditionelle Qualität des Verhältnisses von alt und neu in Paris. Fast ebenso wichtig wie die Erneuerung des Louvre selbst war bei der Errichtung der Pei-Pyramide die Wiederaufwertung einer zuvor fast vergessenen historischen Hauptachse von Paris.

Von der Pyramide aus, und besser noch von den oberen Stockwerken des dahinter gelegenen Louvre-Museums, bietet sich ein einzigartiger Blick über den Tuilerien-Garten und den Place de la Concorde hinweg, dessen ägyptischer Obelisk nachts nun gleichfalls angestrahlt wird, über die Champs-Elysées und den Arc de Triomphe de l'Etoile bis zum Grande Arche in La Défense. Diese 7,5 Kilometer lange städtebauliche Achse wurde im 17. Jahrhundert, parallel zum Ausbau des Schlosses von Versailles, im Sinne der spektakulären Perspektivensetzung der französischen Klassik und des Barock angelegt und hatte damals neben der Machtsymbolik für die absolutistischen Monarchen auch eine metaphysische Bedeutung als Darstellung der Unendlichkeit, etwa wie die großen Scheinperspektiven der barocken Kirchenkuppeln.

Napoleon I. war zu Beginn des 19. Jahrhunderts der letzte gewesen, der sich mit der Errichtung des Arc de Triomphe für diese Achse interessierte, die Paris nach Westen hin gestaltet. Dann fiel sie, insbesondere durch den schlechten baulichen Zustand des Louvre, in Vergessenheit. Für die nunmehrige Wiederherstellung dieser Achse hat Architekt Ieo Ming Pei einen besonderen Akzent gesetzt. Der Beginn der geraden Linie, die bis zum Arche de La Défense verläuft, stimmt nicht genau mit der Mitte des Louvre überein, sondern liegt wenige Meter neben der Pyramide. Diese Stelle bezeichnet seit 1989 der Bleiabguß einer

Reiterstatue von König Ludwig XIV., die dessen Bildhauer und Architekt Gian Lorenzo Bernini um 1665 geschaffen hat. Sie steht nun knapp neben der Pyramide auf einem hohen Sockel.

Nur die wenigsten wissen, daß bei einem Blick genau über diese Skulptur hinweg der Obelisk des Concorde-Platzes und der Arc de Triomphe am Ende der Champs-Elysées optisch, also buchstäblich scheinbar, im Grande Arche von La Défense Platz nehmen.

Es überraschte viele, als François Mitterrand, der erste französische Links-Präsident seit 1848, nach seinem Amtsantritt im Mai 1981 ein eher architektonisch denn sozial ausgerichtetes Aktionspro-

gramm vorlegte. Zwar schaffte Mitterrand die Todesstrafe ab (bis dahin waren Kapitalverbrecher noch mit der Guillotine hingerichtet worden). Auch erhöhte er den gesetzlich geregelten Urlaubsrahmen von fünf auf sechs Wochen, senkte das Rentenalter auf sechzig Jahre und gestand eine Aufstockung des Mindestlohns um fünf Prozent zu. Doch im Vordergrund standen die Grands Travaux und insbesondere ein Vorhaben, das offensichtlich ein Hauptanliegen des neuen Staatschefs darstellte: Dem zuvor auf eineinhalb Gebäudeflügel im Louvre-Palais zusammengedrängten Musée du Louvre sollte das gesamte weitläufige Haus zur Verfügung gestellt werden. Die Kunst solle künftig im früheren Königspalast allein regieren.

Im Verlauf von zehn Jahren fand dann im Musée du Louvre eine regelrechte Revolution statt. Das bekannteste Museum Europas wies schon zuvor eine der reichhaltigsten Kunstsammlungen der Welt auf, die von der ägyptischen und griechischen Antike bis zum 19. Jahrhundert reicht. Meisterwerke wie die Mona Lisa von Leonardo da Vinci, die Nike von Samothrake und die großformatigen Bilder der italienischen Renaissance, des Neoklassizismus und der Romantik mit Jean-Louis David und Eugène Delacroix zogen, in der «Grande Galerie» hängend, fast jeden Fremden an, der nach Paris kam. Doch war das Haus früher in einem Maße verschlafen und verstaubt, das einem Museum von Weltrang gewiß nicht

Sonnenkönig Ludwig XIV. (1638–1715) als 68jähriger

würdig war. Der Haupteingang befand sich in Gestalt einer kleinen, häufig verklemmten Tür an der Seine-zugewandten Seite des Cour Napoléon. Die Besucher standen draußen im Regen Schlange, um nach einer bis eineinhalb Stunden hineinzukommen. Im Inneren schlurften die Wärter mißmutig über das Parkett, wenn sie nicht gar schliefen.

Und generell hatte man den Eindruck, daß die Wandfarbe und so mancher Saal in demselben, unrenovierten Zustand noch den Zweiten Weltkrieg und die deutsche Besatzung von Paris in den Jahren 1940 bis 1944 erlebt hatten, während der fast der gesamte Bestand an Gemälden und Skulpturen nach einer abenteuerlichen Evakuierungsaktion der französischen Museumsleute weiter südlich in Schlössern eingelagert war.

Seit den achtziger Jahren dagegen wurde aus dem Musée du Louvre die vielleicht modernste «Museumsmaschine» der Welt, die heute eine Stadt für sich darstellt und schon allein aus diesem Grund sehenswert ist. Zumeist wird in der Diskussion um Für und Wider der «Pei-Pyramide» übersehen, daß dieses Bauwerk zuallererst nicht als Denkmal oder nutzloses Symbol fungiert. Es bildet vielmehr die vielleicht einzig mögliche funktionelle Lösung für das Hauptproblem einer generellen Neuorganisation des Louvre, das sich dem Architekten stellte. Die Pyramide ist nämlich in erster Linie ein Lichtspender für die zentrale Weggabelung eines vollständig neugeschaffe-

nen, unterirdischen Zugangssystems. Solange der Haupteingang sich noch an einem seitlichen Flügel des Louvre befand, mußte man immer die schier unendlichen Saalfluchten des Hauses durchlaufen, um an eine gewünschte Stelle und vor die entsprechenden Kunstwerke einer Epoche zu gelangen. Der Architekt hat nun aber sämtliche Eingänge und Verbindungswege unter die Erde gelegt, und die Louvre-Pyramide bezeichnet jene große, unterirdische «Fußgängerkreuzung», von der aus der Besucher in die drei Hauptteile des Museums gelangt.

Nach rechts bzw. Süden geht es in den Denon-Flügel zur griechischen, römischen und ägyptischen Antike, zur Malerei der italienischen Renaissance, des französischen Neoklassizismus und der Romantik sowie der neuaufgestellten Skulpturensammlung. Nach links bzw. Norden geht es in den Ende 1993 neueröffneten Richelieu-Flügel, mit Skulpturen, großen Torwächterensembles aus Mesopotamien in zwei transparent überdachten Innenhöfen, dem Kunstgewerbe einschließlich der Tapisserien-Sammlung und, im Obergeschoß, zur beachtlichen Sammlung an deutscher, niederländischer und englischer Malerei mit dem monumentalen Zyklus aus allegorischen Herrscherbildern, den Peter Paul Rubens von 1621 bis 1625 für Maria von Medici gemalt hatte.

Geradeaus bzw. nach Osten zu geht es im Zentralverteiler unter der Glaspyramide zum Sully-Flügel mit einem weiteren Teil des Kunsthandwerks und der Antike, islamischer und orientalischer Kunst. Hier im letzten Stock sind sehr schön ausgebaute Säle mit französischer Malerei seit der Renaissance, von den Rokoko-Malern Watteau und Boucher, dem Neoklassizisten Chardin, mit den kleineren, oft meisterlichen Formaten aus dem 19. Jahrhundert von Corot und Daumier und den befremdlichen, farbenreichen Szenen des Klassizisten Nicolas Poussin aus dem frühen 17. Jahrhundert.

Das Musée du Louvre hat mit der Übernahme des gesamten Louvre-Palasts und der Neugestaltung der meisten älteren Säle seine Schaufläche nahezu verdoppelt (um 40 Prozent auf 52 000 Quadratmeter), doch dabei ist es ungleich übersichtlicher und besucherfreundlicher geworden – vor allem, da die Museumsverantwortlichen die Anzahl der ausgestellten Werke zugleich nur gerade um ein Viertel erhöhten. Wer die Aufteilung in die drei Flügel «Denon» (Süd), «Richelieu» (Nord) und «Sully» (Ost) in Erinnerung behält, kann sich kaum verlaufen und gelangt stets rasch zu jenen Werken, die zu sehen er oder sie gerade Lust verspürt. Die Eingänge sind jetzt dezentral auf unterirdischen Wegen von einer Busgarage, der U-Bahn-Station «Palais Royal-Louvre» und dem Seineufer erreichbar, wobei man durch eine Ladengalerie gelangt, in der es auch Restaurants für jede Brieftasche gibt. Und in den Museumsräumen scheint alles luftiger, we-

niger bedrückend und einladender als zuvor.

Vom Versuch, möglichst alle gezeigten Werke sehen zu wollen, ist aber noch immer abzuraten. Mit 29 000 Gemälden, Plastiken und kunstgewerblichen Gegenständen wird zwar nur ein Zehntel der Sammlung des Louvre-Museums gezeigt, die zu den größten Sammlungen der Welt (mit der «Eremitage» in Sankt Petersburg) zählt. Doch der Louvre bleibt vielleicht mehr denn je dem Ruf treu, eines der wenigen Kunstmuseen zu sein, wo der Besucher schon allein aus Gründen der physischen Kondition und der Aufnahmefähigkeit nur einen winzigen Bruchteil des Gezeigten ansehen kann. Sonst wäre der Louvre wohl auch nicht mehr der Louvre …

Das Vorhaben, den ganzen Louvre-Palast der Kunst zu widmen, war äußerst symbolträchtig und auch unter praktischen Gesichtspunkten vernünftig. Doch die Widerstände, die sich zu Wort

Armand Jean du Plessis, Herzog von Richelieu (1585 – 1642), einer der großen Kardinäle in Frankreichs politischer Geschichte: hochgebildet, hochintelligent, gerissen, unbelastet von Skrupeln

meldeten, als Mitterrand 1981 diese Absicht äußerte, waren gleichfalls umfassend, ja scheinbar unüberwindlich. Bis zum Jahre 1987 schien es, als sei das Projekt Grand Louvre zum Scheitern verurteilt. Was heute als das Kernstück der neuen Blüte von Paris gilt, verstieß zunächst gegen derart festgefahrene Gewohnheiten und korporatistische Privilegien, daß lange Zeit kaum jemand einen Pfennig auf den Grand Louvre gewettet hätte.

Vor allem die Beamten des Wirtschafts- und Finanzministeriums, das bis 1989 im Seine-abgewandten Richelieu-Flügel untergebracht war, weigerten sich hartnäckig, ihren Arbeitsplatz mit dem berühmten Namen Louvre zugunsten des neuen Wirtschafts- und Finanzministeriums zu verlassen, daß gerade am Bercy-Quai weit draußen im Osten im Bau war. Sie hatten für diesen Unwillen auch ein gutes Argument: der Richelieu-Flügel des Louvre -Palasts war nämlich in den fünfziger und sechziger Jahren des 19. Jahrhunderts speziell als Ministerium gebaut worden und nie als Museum – der Herzog von Morny, Halbbruder und «Mann fürs Grobe» des Kaisers Napoleon III. hatte sich das Privileg ausbedungen, im Louvre residieren und arbeiten zu können. Erst die Wiederwahl Mitterrands zum Staatsoberhaupt im Mai 1988 gab ihm die Macht, mit der er den Auszug der Steuerbeamten und Finanzprüfer aus diesem fast zweihundert Meter langen Teil des Louvre durchsetzen konnte –

auch gegenüber seinen eigenen, gleichfalls sehr abgeneigten sozialistischen Parteifreunden.

Die zeitweise aufgeregte Debatte hatte auch eine ideologische Dimension – wie fast alles, was sich um das alte Königsschloß dreht, das mit seinen vierhundertvierzig Metern Seitenlänge wie ein Schlachtschiff im Stadtgefüge der Pariser Innenstadt liegt. Es war die Französische Revolution gewesen, die erstmals im Frühjahr 1793 im Louvre ein öffentlich zugängliches Kunstmuseum eingerichtet hatte. Die zuvor rein private, wenn auch mit Steuergeld erworbene Gemäldesammlung des Königshauses sollte nunmehr dem Volk gehören und jeder und jedem, unabhängig der sozialen Herkunft, als Mittel des ästhetischen Genusses und der Bildung dienen, hieß es im Gründungsdekret.

Damit begann auch der politische Streit, der wohl erst 1993 mit der Eröffnung des Grand Louvre zur Ruhe kam. Der Louvre war bis dahin über sechs Jahrhunderte hinweg das Stadtschloß der französischen Könige gewesen, von dem aus sie im Hochmittelalter das stets frondierende Paris auch militärisch unterwarfen. Im Zuge der Umbauarbeiten der achtziger Jahre wurde auch ein Teil der Stadtmauer des Kapetinger-Königs Philipp-August (1165 bis 1223) und des «ersten Louvre» wiederaufgefunden, der sich – ähnlich dem Londoner «Tower» – als stark befestigte Wehrburg ausnahm (diese Funde sind heute am neuen

Louvre, Stadtschloß der Könige Frankreichs bis 1789, hier im 15. Jh.: schon damals ein beispiellos imposantes Schloß

Haupteingang des Museums unter der Louvre-Pyramide zu besichtigen).

Als die Französische Revolution schon wenige Monate nach dem Sturz der absoluten Königsmacht und der Einführung einer parlamentarischen Staatsordnung im Juli 1789 beschloß, das künftige Nationalmuseum der Künste just im ehemaligen Königspalast unterzubringen und mit der königlichen Sammlung zu bestücken, handelte es sich um einen hochsymbolischen Akt, eine Art Kriegserklärung an die Herrschaftstradition der Bourbonen. Da sich auch heute noch immer bedeutende Teile der französischen Konservativen als Gegner der Französischen Revolution und ihrer radikalen Reformen bezeichnen, mußte das Ansinnen Mitterrands,

nunmehr den gesamten Louvre an das Kunstmuseum zu übergeben, tiefe, schon längst eingeebnet geglaubte ideologische Gräben aufreißen.

Mit der Gründung des Kunstmuseums im Louvre im Jahre 1793 war nur ein erster, kleiner Schritt zur heutigen «Museumsstadt» des Louvre-Museums getan. Als Schausäle standen nur einige wenige Räume zur Verfügung, die im wesentlichen den heutigen «Grandes Galeries» im Denon-Flügel entlang der Seine entsprechen. Auch blieben die Besucher an fünf Tagen der Woche ausgesperrt. Das Museum war in dieser Zeit den Künstlern reserviert, die im Sinne des klassizistischen Kunstideals unablässig die Meisterwerke der Antike und der neueren Jahrhunderte kopierten. Zugleich wurde das Museum jedoch bald in ganz Europa ein Anziehungspunkt für fast jeden Künstler.

Mit den Eroberungen in Italien, Deutschland, den Niederlanden, Spanien und Ägypten, die Napoleon ab 1797 vorantrieb, kam die wohl beste Kunstsammlung aller Zeiten in die Räume des ehemaligen Königspalais, teils durch Kauf, in den meisten Fällen aber durch bloßen Raub. Auf einigen historischen Stichen ist zu sehen, welches Chaos aus bunt durcheinander gelagerten, zum Teil noch nicht ausgepackten und ohne jedes System von den Transporteuren gerade abgestellten Meisterwerken aus ägyptischen Ruinen, italienischen Kirchen, deutschen Fürstenschlössern und holländischen Bürgerhäusern die Räume des Louvre-Museums damals erfüllte. Eigene Kunst-Kommissäre hatten für die Armee Napoleons diese bereits damals prestigeträchtige Beute eingesammelt, um das Museum in Paris zu dem zu machen, was sein erster offizieller Namenszug versprach: ein «Universalmuseum der Künste» zu sein.

Zwar mußte Frankreich 1815, nach der Niederringung Napoleons durch Preußen, Rußland, Österreich und Großbritannien, die besten Stücke dieser später nie mehr zustandegebrachten Kunstsammlung wieder zurückgeben. Doch noch heute stammt ein großer Teil der Museumsbestände aus diesem napoleonischen Fundus. In der Folge mußte das Museum häufig eher den sprichwörtli-

chen Konservatismus seiner Kustoden büßen als andere Einwirkungen der Geschichte: Als die besten Sammlungen impressionistischer Malerei etwa Ende des 19. Jahrhunderts dem Louvre als Geschenk angeboten wurde, lehnten die Verantwortlichen die Gemälde von Renoir, Monet und Pissarro als dieses Hauses unwürdig ab. Noch bis in die fünfziger Jahre dieses Jahrhunderts hielt man im Musée du Louvre an den akademischen Kunstnormen der Zeit vor der modernen Kunst fest, und es bedurfte des ersten französischen Kulturministers, des Schriftstellers und legendären Intellektuellen André Malraux, um die moderne Kunst in den Louvre zu tragen: Malraux ließ 1963 Georges Braque, der ab 1907 mit Pablo Picasso unter der völligen Ablehnung der offiziellen französischen Kunstwelt den Kubismus begründet hatte, im Louvre demonstrativ ein Staatsbegräbnis mit Anwesenheit der berittenen Republikanischen Garde ausrichten, die sonst nur für Staatsbesuche und den Präsidenten ausreitet.

Die kaum überschätzbare symbolische Rolle, die der Louvre-Palast in der französischen Geschichte spielt, bezog sich zumeist jedoch mehr auf die «Vollendung des Louvre» als auf die Kunst. Von den Kapetinger-Königen des Mittelalters an projektierte jeder herausragende Herrscher, von Heinrich IV. bis zu den absolutistischen Königen Ludwig XIII., XIV. und XV., die Fertigstellung eines Stadtpalais von beherrschendem Ausmaß, das Herr-

Katharina von Medici (1519 – 1589), Gemahlin König Heinrichs II., 1560 – 1563 Regentin Frankreichs, verantwortlich für die Pariser Bluthochzeit mit über 13 000 ermordeten Hugenotten, was von Papst Gregor XIII. mit einem Tedeum gefeiert wurde

Heinrich IV. (1553 – 1610), König ab 1589, erließ 1598 das berühmte Edikt von Nantes (Tolerierung der protestantischen Hugenotten), von Kardinal Richelieu 1629 widerrufen

scher für Herrscher, Dynastie für Dynastie und Jahrhundert für Jahrhundert immer nur Fragment geblieben war.

So stammt der älteste heute noch im Louvre-Palais integrierte Teil, die südliche Fassade unmittelbar an der Seine, aus der Herrschaft der Regentin Katharina von Medici (1519 – 89, Regentin ab 1560), und des Reformkönigs Heinrich IV. (1553 – 1610, König ab 1589). Hundert Jahre später, unter Ludwig XIV., entstand die massive, klassizistische Ostfassade von Le Vau und Perrault an der Rue du Louvre, während sein

Vorgänger Ludwig XIII., der Schöpfer des Absolutismus als unbeschränkter Regierungsweise des Monarchen, die Cour Carrée als vielleicht schönstes Stück des Louvre begonnen hatte. Napoleon I. fügte ab 1806 am anderen Ende des heutigen Baus jenen schmalen Gebäudeflügel an der Rue de Rivoli hinzu, der heute das Kunstgewerbemuseum Musée des Arts décoratifs beherbergt.

Alle übrigen Teile des heutigen Louvre-Palasts stammen aus der Regierungszeit von Napoleon III. (1808-1873), der zunächst 1848 in direkter Volkswahl

Uhrenpavillon des Louvre im 19. Jh.

zum Präsidenten der Zweiten Republik gewählt worden war und 1851 seiner Abwahl durch einen blutigen Putsch zuvorkam, worauf er eine Diktatur errichtete, die bis zum Deutsch-Französischen Krieg von 1870 währte. Daß nunmehr er, der Neffe Napoleons, sich als fähig erweisen würde, die riesigen Geld- und Steuermittel für die Fertigstellung des Riesenbauwerks zu beschaffen, zählte zu

Brand der Tuilerien während der Pariser Kommune 1871. Das Schloß wurde ab 1564 für Katharina von Medici erbaut. Tuilerien heißt es, weil es auf dem Grund einer früheren Ziegelei – französisch: tuilerie – errichtet worden war

den großen Themen seiner Propaganda. Fast wäre es ihm auch gelungen - wozu er ein ausgedehntes Viertel kleiner Häuschen von Handwerkern und Tagelöhnern abreißen ließ, das bis dahin bis zu etwa jener Stelle heranreichte, an der sich heute die «Pei-Pyramide» erhebt.

Im Zuge der Wirren und der bürgerkriegsartigen Zustände rund um die Pariser Kommune, die die Absetzung Napoleons III. zur Folge hatte, brannten 1871 die Tuilerien ab, der eigentliche Residenztrakt der französischen Monarchen, der ab 1564 nach Plänen von Katharina von Medici errichtet worden war. Dieser zuvor prunkvollste Teil des Louvre wurde nie mehr wiedererrichtet. Heute würde er zwischen den beiden äußersten Enden des Palais seinen Standort besitzen, etwa dreihundert Meter von der neuen Glaspyramide nach Westen gerichtet. Für die unter Napoleon III. in den fünfziger und sechziger Jahren des 19. Jahrhunderts errichteten Teile des Louvre-Palasts, vor allem den Cour Napoléon rund um die heutige Pyramide, hatte dies dramatische Folgen.

Der weiche Sandstein, aus dem die reich mit allegorischen Figuren und Emblemen von der Antike bis zur Industrialisierung verzierte Fassade gestaltet wurde (selbst Eisenbahnlocks wurden seinerzeit in dieses «Fortschrittsprogramm» eingemeißelt), fand sich seit dem Abriß des Tuilerien-Palais im Jahr 1871 schutzlos den von Westen, vom Atlantik hereinkommenden Stürmen ausgeliefert und verfiel bald bis zur Unkenntlichkeit. Die aus ganz Europa herbeigerufenen Steinmetze und Restauratoren haben zwischen 1987 und 1993 die Fassaden des Cour Napoléon rund um die Glaspyramide, ausgehend von historischen Fotografien, oft Stein für Stein rekonstruiert und nachgebaut, da keine Spur der früheren Verzierungen und Darstellungen mehr sichtbar war.

Was man heute vom Cour Napoléon wahrnimmt, entspricht zwar in jedem Detail der historistischen Fassadenarchitektur des 19. Jahrhunderts, ist in Wirklichkeit aber fast ebenso neu wie die damit scheinbar so kontrastierende Pyramide.

Man kann diesen Vergleich noch weiter treiben. Es hat wohl jeden beeindruckt, der die Riesenbaustelle der Louvre-Umbauten Anfang der neunziger Jahre besuchen konnte, mit welcher Radikalität da mehrere ältere Teile des Louvre, insbesondere der Aile Richelieu im nördlichen Flügel, «entkernt» wurden. Man riß sämtliche Zwischendecken, Wände, Plafonds und tragende Teile aus dem ehemaligen Ministeriumsbau heraus und ließ zeitweise nur noch die bloßen Fassaden des alten Baus stehen. Das gesamte Innere, von den Raumaufteilungen bis zum spektakulären Rolltreppenschacht, wurde neugebaut. Architekt Pei hat hier ein «neues» Museum in die bewahrte «Hülle» der historischen Fassaden eingepaßt und dazu übrigens ebenso modernste Technologie verwendet wie bei der aufsehenerregenden Pyramide. So ist die Behauptung nicht ganz abwegig, daß der Grand Louvre heute zwar wie ein stark modernisiertes altes Museum aussieht, in seiner Substanz aber, genauer betrachtet, über weite Strecken ein neues, hochmodernes Museum darstellt, an dem man nur die historischen Fassaden des 17. oder des 19. Jahrhunderts beließ. Auch der Grand Louvre illustriert so dieses besondere Verhältnis von alt und neu, von Tradition und Modernität, das die Eigenart von Paris mitbestimmt.

Hauptgebäude der Weltausstellung in Paris 1889

Die beiden Seine-Ufer – Freilichtmuseum der Geschichte par excellence

Die wichtigste Straßenfront des Louvre-Palasts aber ist nach wie vor abgewandt von der spektakulären Eingangszone mit der Glaspyramide. Es handelt sich um jene über vierhundert Meter lange Fassade, die sich in imposanter Größe und spröder Dekoration auf der sogenannten «Südseite» des Louvre entlang des Seine-Flusses entfaltet. Bis in die Mitte des 19. Jahrhunderts bildete dieser fast unmittelbar am Wasser aufragende Teil die Hauptfassade des Schloßes, die der Hofarchitekt Claude Perrault ab 1668 errichtete, bevor Napoleon III. in den fünfziger Jahren des 19. Jahrhunderts dann auch diesen Flügel verlängerte. Heute muß man schon zu Fuß diesen Trakt des Louvre entlanggehen, um noch ein Gefühl dafür zu bekommen, daß diese mächtige Präsenz unmittelbar an der Seine die ursprüngliche Ausrichtung des Louvre bedeutete.

Damit aber nimmt auch noch der «postmoderne Louvre» der Gegenwart an jenem «Konzert» herausragender Bauten und Gebäudefronten entlang der Seine teil, das ein natürliches Rückgrat von Paris bildet. Architekten und Städtebauer aller Jahrhunderte seit den römischen Anfängen der Stadt Lutetia haben nahezu ausnahmslos die repräsentativen Bauten möglichst unmittelbar links und rechts der Seine aufgestellt. Die Front de Seine (Seine-Front), wie die Franzosen sagen, durchzieht Paris heute von Ost nach West, vom neuen Wirtschaftsministerium in Bercy bis zum Grande Arche in La Défense, der zwei langgeschwungene Biegungen der Seine flußabwärts wiederum als Monument unmittelbar am Seine-Ufer auftritt und aus der Fernsicht auch stark mit der Spiegelung im Fluß lebt.

Die Front de Seine ist eine der schönsten städtebaulichen Verwirklichungen der Welt, mit der Abfolge von der Notre-Dame-Kathedrale über die Ile de la Cité und den Louvre zu den politischen Repräsentativbauten aus napoleonischer Zeit, dem Parlament Palais Bourbon am linken Seineufer und dem weiten Place de la Concorde unmittelbar gegenüber auf der rechten Flußseite. Weiter geht es rechter Hand mit den ehemaligen Weltausstellungshallen von 1900, «Petit Palais» und «Grand Palais», und dem Invalidendom links auf der Höhe der Prachtbrücke Pont Alexandre III., die nach einem Zaren des 19. Jahrhunderts und Verbündeten Frankreich benannt ist, bevor linker Hand der Eiffelturm aus der Weltausstellung von 1889 und rechter Hand – nach einer flußüberspannenden Parkanlage und einem weiteren verblüffenden Dialog über das Wasser hinweg – das Palais Chaillot auftauchen.

Dieser klassizistische Gebäudekomplex aus der Weltausstellung von 1937 beherbergt heute das Museum moderner Kunst der Stadt Paris, das Filmmuseum und das Musée de l'Homme, von dessen

Terrasse sich eine der schönsten optischen Perspektiven auf den Eiffelturm ergibt. Weiter flußabwärts thront am rechten Ufer noch das «Haus von Radio France», eine kreisrunde, mächtige «Tasse» mit 300 Meter Durchmesser im typischen Stil der Schüler des Architekten Le Corbusier aus den sechziger Jahren. Ihm gegenüber liegt die schmale Seine-Insel Ile du Cygne, die gleichfalls für die Weltausstellung 1937 ausgebaut wurde, aber schon zuvor, 1889, das 1885 geschaffene Originalmodell der Freiheitsstatue von New York aus der Hand des französischen Bildhauers Bertholini als Wahrzeichen erhielt.

Danach wartet die Seine neben La Défense und dem Grande Arche noch mit einer weiteren Attraktion ersten Ranges auf: die Renault-Autowerke haben in den dreißiger Jahren die Flußinsel Séguen mit einer mehrstöckigen Fabrik bebaut, die die Grundfläche der Insel bis auf den letzten Quadratmeter ausnützt und auf ihr gleichsam «aufsitzt» wie ein gestrandetes Schiff auf einer Düne. Heute, 1995, steht das Werk nach der Auslagerung der Autoherstellung in moderne automatisierte Fabriken gespenstisch leer. Es soll in ein Kultur- und Freizeitzentrum umgewandelt werden, das dann auch die heute gleichfalls leerstehende Ile Saint-Louis mit dem Tour des Figures des Art-Brut-Künstlers Jean Dubuffet und den etwas stromaufwärts anschließenden Parc Citroën einschließt. Diese gleichfalls auf dem Gelände einer ehemaligen Autofabrik aus den zwanziger Jahren unmittelbar am Seineufer gelegene Parkanlage wurde vom Landschaftsarchitekten Gilles Clément gestaltet und gilt als wichtigster neuer öffentlicher Garten in Paris neben dem «Tschumi-Park» in La Vilette.

Diese Front de Seine zählt zu den markantesten Eitentümlichkeiten von Paris. Wie auf einer Schnur sind hier die wichtigsten Gebäude der Stadt aufgefädelt. Darin zeigt sich aufs Neue die für die Stadtanlage hervorragend geeignete Dimension des Seine-Flusses. Die Seine bildet heute wie je eine über die Jahrhunderte fortdauernde Lebensader der Stadt, durch die sich Paris in der Tiefendimension seiner Vergangenheit erschließt. Deshalb gehört es auch zu den erstrebtesten Lebensumständen gerade des heutigen Paris, auf dieser Wasserstraße zu wohnen: in einem Hausboot, meist einem umgebauten Schleppkahn, etwas flußauf- oder flußabwärts, oder mit einer flußschiffahrtgeeigneten Jacht an einem der fünf Anlegeplätze im Bereich des historischen Paris. Für diese Anlegeplätze ist einiges zu begleichen, aber man erblickt dafür den Louvre oder die neoklassizistische Gebäudefront des Palais Bourbons, in dem die Nationalversammlung tagt, unmittelbar vor dem Schiffsfenster des eigenen Boots – ein unvergeßliches Erlebnis.

Auch die «gewöhnliche» Schiffsfahrt auf der Seine, immer noch prächtig genug, verdeutlicht die besondere Rolle des

Flusses als Lebensader der Stadt. Von den «Bateaux mouches» aus, die nachts bei der Vorbeifahrt die Fassaden mit gleißenden Scheinwerferanlagen erleuchten, sticht ins Auge, wie schmal eigentlich die Seine ist und wie sehr die Fassadenfronten an beiden Seineufern beständig für das menschliche Auge deutlich erkennbar bleiben. Paris ist auch wirklich um die Seine «herumgebaut». Vergleicht man diese Situation mit dem Rhein und der Donau, wird deutlich, welchen Vorteil Paris aus der nicht sehr breiten, aber schiffahrtstiefen und wasserreichen Seine bezieht.

Während Rhein und Donau mit ihrer mehrfachen Breite gegenüber der Seine stets einen Stadtteil zum «armen», bis heute unterentwickelten Bruder des anderen Flußufers machten, wie die linksrheinische Seite in Köln, die rechtsrheinische in Düsseldorf oder die «andere Donauseite» mit Floridsdorf und Kagran in Wien, hatte die Seine ein fast perfektes urbanes Gleichgewicht auf beiden Ufern zur Folge, das unter den historischen Metropolen Europas sonst nur noch annähernd in Rom mit dem Tiber-Fluß und in London mit der Themse besteht.

An diesen hervorragenden Bedingungen der Seine als Wasserstraße und Brückenstandort kann nahezu die ganze Stadtgeschichte der Seine-Metropole abgelesen werden. Der erste bebaute Ort befand sich seit der Bronzezeit auf dem natürlichen Seineübergang, der von den beiden Flußinseln Ile de la Cité und Ile Saint-Louis gebildet wird. Die Römer, die Lutetia, das heutige Paris, im Rahmen der Feldzüge Cäsars um 53 vor Christi Geburt im Sieg über den keltischen Stamm der Parisii eroberten, errichteten die erste feste Stadt am linken Seineufer auf der Anhöhe des späteren Quartier Latin, des legendären Studentenviertels, das für die regelmäßigen Hochwässer unerreichbar war.

Davon berichtet heute das Musée des Thermes de Cluny, ein in die Badeanlage des antiken Paris eingebautes Antikmuseum, das in den letzten Jahren in bemerkenswerter Weise runderneuert wurde. Das rechte, früher häufig überflutete Seineufer blieb dagegen für fast zweitausend Jahre der Standort für Messen, Textilmärkte und das leichte Leben. Diese Aufteilung hat sich bis heute nicht wesentlich geändert. Auf dem Rive Gauche zu wohnen, dem linken Seineufer, verleiht noch immer eine intellektuelle Weihe. Es ist der Stadtteil der Schriftsteller, der Universitätsprofessoren, der Diplomaten und der Eliteschulen. Das Rive Droite, das rechte Seineufer, gilt als bodenständiger, dem Handel zugewandt und schon allein wegen der viel ausgeprägteren Verkehrsstaus und den davon ausgelösten Hupkonzerten weniger von der Lebenskultur erfaßt.

Dafür aber befinden sich die entscheidenden Machtzentren seit dem Mittelalter rechts der Seine, mit dem Rathaus, dem Königspalast des Louvre und dem Elysée-Palast, seit 1871 Sitz des Staats-

Textfortsetzung Seite 129

Vom letzten Stock des Büroturms Tour Montparnasse im gleichnamigen Künstlerviertel bietet sich ein einzigartiger Ausblick auf die sprichwörtlichen Wahrzeichen von Paris aus zwei Epochen: Im Vordergrund der 1889 fertiggestellte Eiffelturm in abendlicher Beleuchtung direkt vor dem Palais Chaillot, dem Hauptbau der Weltausstellung von 1937; im Hintergrund der Arche de La Défense, 1989 eröffnet inmitten des nach Westen vorgelagerten Hochhausviertels La Défense

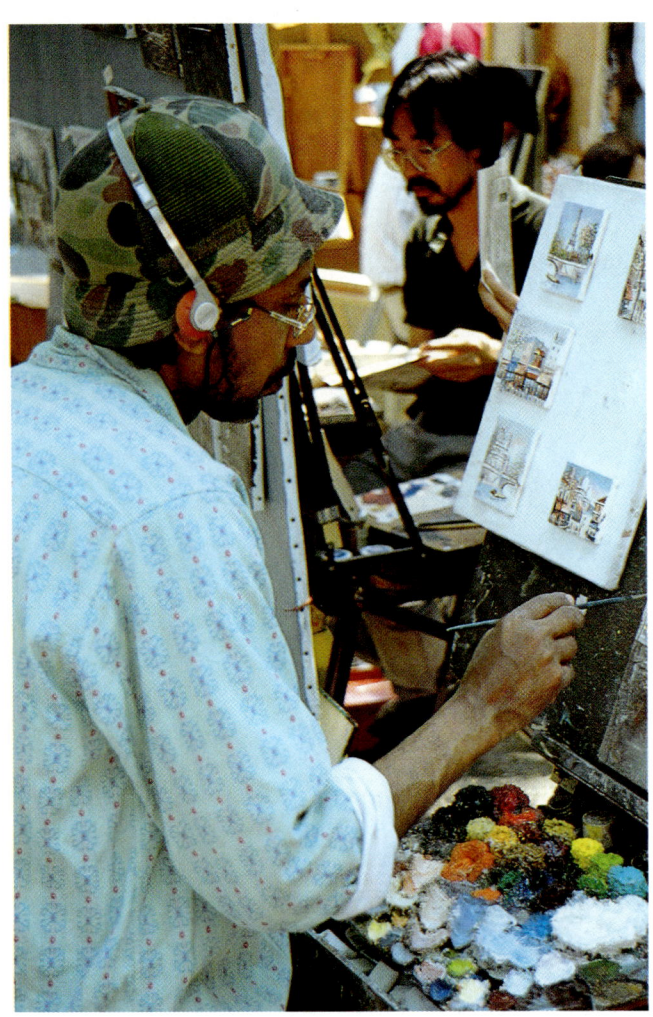

– In sein Werk
vertiefter Maler
auf dem Place
du Tertre in
Montmartre
– Mittelalter-
liches Fabel-
wesen aus
Stein an einem
Turm der
Kathedrale
Notre-Dame
– Öffentlicher
Trinkbrunnen
aus der Mitte
des 19. Jahr-
hunderts

Portraitsitzung im Montmartre. In Paris gibt es ebensoviele Hunde und Katzen in den Haushalten wie Kinder (etwa 300 000). Was man dann aber mit seinem geliebten Tier konkret anfängt, ist angesichts der dichten Verbauung der Stadt nicht von vorneherein ausgemacht. Eine tägliche Paris-Stadtrundfahrt in der Fahrradbox mit unschlagbarer Aussicht stellt da eine Lösung dar, die «Herr Hund» offensichtlich zu genießen versteht

Wachablöse am Elysée-Palast. Die Gardesoldaten im Vordergrund sind Mitglieder der Republikanischen Garde, die ihre Herkunft aus der Französischen Revolution von 1789 herleitet wie die meisten Institutionen des modernen französischen Staates. Deutlich ist das heute altertümlich wirkende Zeremoniell einschließlich der Uniformen zu sehen, das die französische Republik nach ihrer Ausrufung im Jahr 1792 den alten Monarchien nachbildete, um sich mit ihrem Ansehen messen zu können. Heute sind die Gardesoldaten stolz, ein Zeremoniell zu vertreten, das ebenso alt ist wie bei den Garden vor dem Buckingham-Palast. Der Elysée-Palast entstand ab 1718 als Vorstadtsitz reicher Finanziers

Paris ist eine Stadt mit einer unendlichen Vielfalt von Eindrücken: – Steinerne Liebesgöttin im Luxembourg-Park – Das «Genie der Freiheit» auf der Juli-Säule, der Gedenkstätte für die Revolution von 1830 am Bastille-Platz. Die Statue wurde 1989 zum 200. Jahrestag der Französischen Revolution frisch vergoldet – Gardesoldat vor dem Elysée-Palast in den Farben der Gendarmerie – Clown im traditionellen Rokoko-Kostüm auf dem Platz vor der Kathedrale Notre-Dame

Vor der alten Kirche Saint-Merri (oben), in deren unendlich verwinkelten Nebenstraßen die meisten Arbeiteraufstände des 19. Jahrhunderts begannen, drehen sich die surrealistischen Figuren von Niki de Saint-Phalle. Mit seinem Namen bezieht sich der «Strawinsky»-Brunnen auf das unter dem Platz gelegene Musikinstitut «IRCAM», eines der wichtigsten Zentren der Neuen Musik

Das neue Einkaufszentrum Les Halles, 1979 eröffnet. Bis zum Jahr 1972 standen an dieser Stelle die alten Hallen Ihr Abriß gilt heute als architektur-geschichtlich unverzeihlicher Fehler

Nächste Doppelseite: Blick von Notre-Dame über die Seine-insel Ile de la Cité nach Westen. Hinten sehen Sie die neue Skyline von Paris mit dem Hoch-hausviertel La Défense. Die Stadt-gemeinde von Paris erstreckt sich bis zu den am Horizont sichtbaren Anhöhen und schließt neue Geschäfts-viertel wie La Défense nicht mehr ein

Das neue Wirtschafts- und Finanzministerium in Bercy. Dieses Gebäude wurde notwendig, um den Auszug der französischen Steuer- und Wirtschaftsverwaltung aus dem Richelieu-Flügel des Louvre-Palastes zu ermöglichen, wo sie seit seiner Errichtung in den fünfziger Jahren des 19. Jahrhunderts angesiedelt war. Der ehemalige Staatschef Mitterrand (1981-1995) war mit dem Bau gar nicht zufrieden und nannte ihn «Autobahnmautstation». Das Ministerbüro befindet sich hoch über der Seine am linken Bildrand. Von ihm führt ein Aufzug direkt herab zum Parkplatz des Schnellboots, das den Finanzminister schneller als jedes andere Transportmittel zu den flußabwärts gelegenen Ministerien, dem Parlament oder dem Elysée-Palast führt

Die Kathedrale Notre-Dame de Paris wurde von 1163 bis 1330 erbaut und stellt neben den Kathedralen von Reims und Chartres den Mittelpunkt der gotischen Architektur im späteren Kernstück der französischen Nation, der Ile de France dar. Die Erhaltung der Kirche – im 17. und 18. Jahrhundert vernachlässigt – verdanken wir vor allem dem 19. und 20. Jahrhundert. Notre-Dame ist neben der Kathedrale von Saint-Denis im Norden von Paris, in der die meisten französischen Könige begraben liegen, der wichtigste Sakralbau der Stadt an der Seine

– Afrikanerin mit Nachwuchs im früheren Arbeiterviertel Belleville

– Originalmodell der New Yorker Freiheitsstatue, 1885 vom französischen Bildhauer Bartholdi entworfen und 1889 zur Weltausstellung aufgestellt, die auch die Errichtung des Eiffelturms erlebte. Dahinter Bürogebäude aus den siebziger Jahren an der Front de Seine

– Großskulptur im Viertel der neuen «Hallen» gegenüber der Kirche Sainte-Eustache

Das 1988
eröffnete
Institut du
Monde Arabe
des französi-
schen Star-
architekten
Jean Nouvel ist
das herausra-
gende Beispiel
neuer
Architektur in
Paris.
Entsprechend
dem «durch-
sichtigen»
Centre
Georges
Pompidou
entwarf er den
schlanken Bau
aus den
alleinigen
Baustoffen
Glas und
verzinktem
Stahl.
Computer-
geregelte
Öffnungen auf
der südlichen
Sonnenseite,
die den Zen-
tralverschlüs-
sen alter Foto-
apparate nach-
empfunden
sind, regeln die
ins Gebäude
eindringende
Lichtintensität.
Durch die spie-
gelähnliche
Rückstrahlwir-
kung der ver-
zinkten Stahl-
flächen auf den
davorliegen-
den, mit wei-
ßem Marmor
verkleideten
Platz entsteht
selbst bei
mittlerer
Sonnenein-
strahlung vor
dem Eingang
ein Klima
ähnlich den
arabischen
Ländern

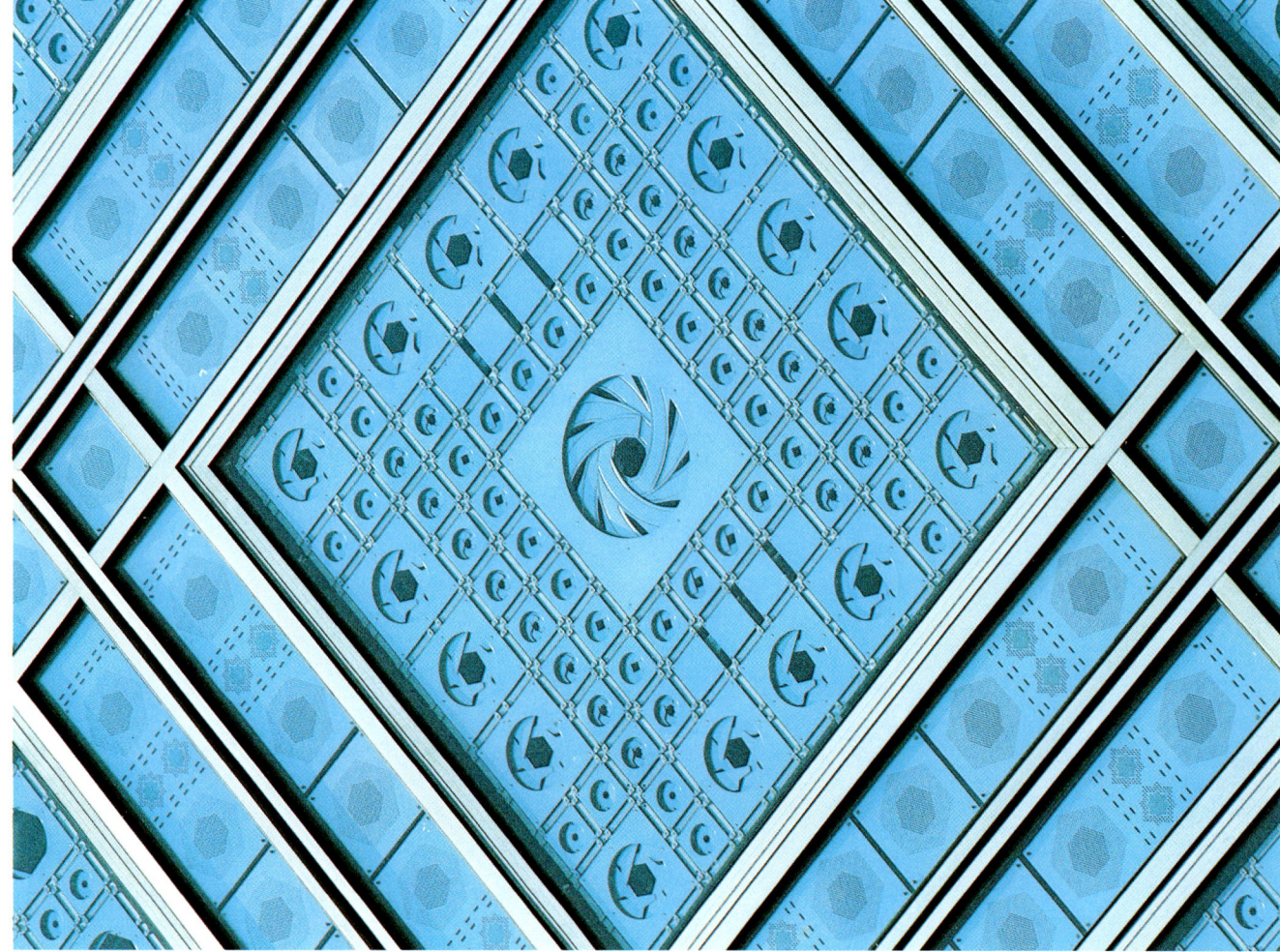

Utopie und Tradition sind in Paris eigenartig verschlungen. Der 1978 eröffnete Terminal 1 des Flughafens Charles-de-Gaulle ist weltweit eines der letzten Beispiele des Design-Utopismus der späten sechziger Jahre, mit dem Traum der kybernetischen Maschine dieser Zeit. Knapp zehn Kilometer weiter liegen in der gleichen Blickrichtung die wenigen Parzellen noch erhaltener Weinberge auf dem Montmartre-Hügel. Die Weinlese wird Herbst für Herbst feierlich bei Anwesenheit des Bürgermeisters von Paris begangen, in alten Kostümen, auch wenn der Wein von Montmartre, den bis ins 19. Jahrhundert ausschließlich Klosterbrüder pflanzten und vertrieben, schon damals nur als Tafelwein geeignet war

Die Basilika Sacré-Cœur wurde nach einem alten Ritus, der auf Montmartre seit dem 17. Jahrhundert gepflegt worden war, ab 1876 zum Gedenken an den deutsch-französischen Krieg von 1870 errichtet und 1919 fertigge-stellt. Die Sacré-Coeur-Basilika ist eines der jüngsten, aber auch erfolg-reichsten Denkmäler von Paris. Die Aussicht von der Anhöhe von Mont-martre auf das historische Paris ist tatsächlich überwältigend. Einer der romantischen Plätze von Paris

Das Centre Georges Pompidou, 1977 im Herzen von Paris, auf dem Plateau Beaubourg nahe am ehemaligen «Hallen»-Viertel eröffnet, hat seither den größten Erfolg aller Museen zeitgenössischer Kunst der Welt erzielt. Anfangs ob seiner nach außen verlagerter Versorgungsröhren als «Raffinerie» bezeichnet, hat das Centre Pompidou seine Funktion als Publikumsmagnet im gleichen Rang wie der Eiffelturm und der Grand Louvre nie verloren. Mehr als vier Millionen Besucher jährlich betreten das größte Haus der Welt für zeitgenössisches Kunstschaffen, in dem ständig fünf bis sechs Wechselausstellungen von Format stattfinden. Die Gründungsväter wollten ein Haus, in dem man auf eine immer wieder andere Entdeckungsreise für die Kunstauffassung des 20. Jahrhunderts gehen kann setzt und im

Robert de Sorbon (1201–74) gründete ein Kolleg für arme Theologiestudenten, aus dem die Universität Sorbonne hervorging

präsidenten der französischen Republik. Nur der Amtssitz des Premierministers, das Palais Matignon, das Außenministerium und die beiden Häuser des Parlaments liegen auf dem Rive Gauche.

Die nächste markante Etappe im «Konzert» der beiden Seineufer und der dazwischenliegenden Flußinseln ergab sich im Mittelalter mit der Gründung der Universität der Sorbonne im Jahr 1231. Papst Gregor IX. gestand die Einrichtung dieser nichtkirchlichen Lehranstalt feierlich durch eine eigene Bulle zu. Die älteste Universität Europas (außerhalb Italiens) dominiert mit ihrem mächtigen, Ende des 19. Jahrhundert erneuerten Bau das linke Seineufer im Bereich des Stadtzentrums sowohl städtebaulich als auch intellektuell. An dieser Universität zu studieren gilt noch immer als be-

sondere Auszeichnung für Studenten aller Kontinente, auch wenn heute die Erinnerung an die spektakuläre Besetzung des Gebäudes während der Studentenrevolte des Jahres 1968 kaum noch zu spüren ist.

Damals steigerte sich eine Protestwelle, die zunächst von der neuen Vorstadtuniversität in Nanterre hinter La Défense ausgegangen war, zur revolutionären Bewegung des «Pariser Mai 68», bei der mehrere zehntausend Studenten und Arbeiter das Quartier Latin militärisch okkupierten und die Macht des alternden Staatschefs General de Gaulle ins Schwanken brachten. Die Sorbonne blieb als damaliges Hauptquartier und Diskussionsforum der Studentenbewegung dann noch jahrelang eine Pilgerstädte für «Achtundsechziger» aus ganz Europa, während unter de Gaulles Nachfolger Pompidou das traditionelle Kopfsteinplaster des Studentenviertels gegen gewöhnlichen Asphalt ausgetauscht wurde – damit lassen sich nicht mehr so leicht Barrikaden bauen.

Zwischen der Treue zur offiziellen Lehrmeinung und abrupten Ausbrüchen der Revolte schwankte die Sorbonne schon seit ihrer Gründung an der Schwelle vom Hoch- zum Spätmittelalter regelmäßig hin und her. So spielte die päpstliche Hand, die die Universität begründet hatte, bis zur Französischen Revolution von 1789 eine bedeutende Rolle. Humanistisches Gedankengut wurde erst eineinhalb Jahrhunderte später zugelassen als

*Sorbonne-
Neubau 1653
mit Kapelle*

an der Universität in Prag. Und auch wenn nach 1789 die Sorbonne zu einer der wichtigsten Hüterinnen des Gedankenguts von «Freiheit, Gleichheit und Brüderlichkeit» wurde, ist das Haus noch heute weit stärker einer «akademischen» Organisation unterworfen als die meisten anderen Universitäten Europas. Der in den USA wie in Italien und Deutschland als Philosoph vielgelesene Michel Serres fristete in der Sorbonne bis zu seinem Ruhestand ein Dozentendasein für Wissenschaftshistorik im Institut für Geschichte, obgleich seine Vorlesung schon seit den siebziger Jahren von Hunderten Philosophiestudenten buchstäblich überlaufen wurde.

Der Widerspruch von höchstem geistigen Niveau und scheinbar unbeweglichen gesellschaftlichen Regeln, der den Außenstehenden in Frankreich über-

rascht, kommt in der Sorbonne ganz besonders deutlich zum Ausdruck. Das symbolische Zentrum der Studentenbewegung von 1968, die damals die gesamte westliche Welt erfaßte, ist in der Folge von jener Demokratisierung der Universität unberührt geblieben, die allenthalben als die bedeutende Folge des «Pariser Mai» gilt und die selbst in der französischen Provinz heute das Hochschulleben bestimmt. Studentische Mitbestimmung, Selbstverwaltung der Universität, auch nur das regelmäßige Gespräch zwischen Studenten und Professoren, die anderswo heute als selbstverständlich gewordene Folgen der im Frühjahr 1968 in der Sorbonne kulminierten Ereignisse gelten, sind gerade in der bekanntesten alten Universität des Kontinents so gut wie unbekannt.

Auch in dieser Hinsicht hat sich nicht viel verändert: Die erste Doktorarbeit über Karl Marx wurde an der Sorbonne bereits im Jahre 1873 angenommen, zehn Jahre vor Marx' Tod, doch ihr Verfasser Jean Jaurès, der spätere Begründer der französischen sozialistischen Bewegung, mußte die Arbeit noch in lateinischer Sprache erläutern.

Ungeachtet dieser strengen, scheinbar unbeweglichen Regeln findet man unter den Studenten des Quartier Latin, das sich über die Jahrhunderte rund um die Sorbonne ausgebildet hat und auch die Elitehochschule «Ecole Normale Supérieure» beherbergt, nach wie vor die brillantesten jungen Leute in Frankreich. Welche Rolle die Prestige-Universität nach wie vor im Leben von Paris spielt, ersieht man auch an dem Umstand, daß nirgendwo auf den breiten Gehsteigen von Paris so viele Gigolos unterwegs sind wie auf der leichten Anhöhe des Boulevard Saint-Michel, die zur Sorbonne führt. Die jungen Studentinnen der Sorbonne berichten oft, daß sie im Umkreis von fünfhundert Metern um die berühmte Universität kaum diversen Anträgen entgehen, die anonyme Freier zum Beispiel in Gestalt von in ihre Handflächen geschriebenen Telefonnummern vortragen, die bei einem Überholen auf dem Trottoir schon mal unauffällig, für die Betreffende aber deutlich lesbar vor die Augen gehalten werden. In keinem anderen Viertel von Paris als dem in der Sorbonne auch brauche sich,

so heißt es, eine Studentin nur betrachtend vor ein Schaufenster stellen, um alsbald von einem jungen Herren zum Abendessen eingeladen zu werden – «Wobei man nach dem Diner kühl 'Auf Wiedersehen' sagt und einfach weggeht, das haben wir alle weiß ich wie oft gemacht», erzählt eine ehemalige Studentin der Sorbonne.

Auch das zählt zu den Eigenarten des Pariser Lebens, das für Fremde nicht immer leicht einsehbar ist. Noch im 19. Jahrhundert, vor dem Aufkommen der Künstlerviertel Montmartre und Montparnasse, lebten in den gleichen Straßen des Quartier Latin die bekanntesten romantischen Dichter, Schriftsteller, Maler und Musiker der Bohème wie Charles Baudelaire, Gustave Courbet und Charles Gounod mit jungen Studentinnen, Künstlerinnen und Arbeiterinnen in den Mansardenwohnungen des damals noch billigen Viertels.

Vom Papst zugelassen aber wurde die Sorbonne auf dem linken Seineufer nicht zuletzt als Ausgleich und Ergänzung zur Notre-Dame-Kathedrale auf der Seineinsel Ile de la Cité. Auf diese Insel hat sich im Mittelalter, mit den bebauten Brücken zu beiden Seiten der Seine hin und der Ile Saint-Louis, die Stadt Paris im wesentlichen konzentriert. Notre-Dame, von 1163 bis 1330 errichtet und bis dahin größte gotische Kirche überhaupt, hatte nach dem Willen von Bischof Maurice de Sully das religiöse Zentrum der Brückenstadt an der Seine

Die Kathedrale Notre-Dame de Paris (Unsere liebe Frau von Paris, hier im 19. Jh.) ist ein früher Höhepunkt der gotischen Baukunst. Baubeginn 1163, vollendet in der 1. Hälfte des 13. Jh. Notre Dame ist eine fünfschiffige Basilika mit doppeltem Chorumgang und Kapellen, wenig vorspringendem Querschiff und zweitürmiger Westfassade, Rundpfeiler und sechsteilige Gewölbe im Mittelschiff, der Wandaufbau ursprünglich vierteilig, mit Rundfenstern unter den Obergadenfenstern. Vorbild für viele gotische Kathedralen wurde die hier gezeigte Westfassade (vollendet im 2. Viertel des 13. Jh.) mit Königsgalerie und Fensterrose. Bedeutende Bauplastik an den drei Westportalen und den beiden Querhausportalen. Orgel von A. Cavaillé-Coll, erbaut 1863–68 zu bilden, deren beginnender Aufstieg die führende Rolle der Bankenstadt Lyon an der Rhone allerdings noch lange nicht gefährden konnte.

Dies sollte sich erst mit der Verlagerung des Welthandels vom Mittelmeerraum zum Atlantik im Gefolge der Entdeckung Afrikas und Amerikas im 16. Jahrhundert zutragen. Notre-Dame bildet das bestimmende Baudenkmal von Paris aus dem Mittelalter. Abgesehen von seiner architekturgeschichtlichen Bedeutung im Rahmen der Gotik neben den anderen französischen Kathedralen wie Reims und Chartres ist es auch das erste Repräsentationsgebäude in Paris, das schon ob seiner Dimension (130 Meter Länge, 48 Meter Breite und 35 Meter Dachhöhe im Hauptraum) den aufkeimenden Geltungsanspruch der Stadt andeutet. An den auch in technischer Hinsicht überaus beachtlichen Ausmaßen von Notre-Dame, die die mystischen Berechnungen der Weltgesetze durch die Gotik widerspiegeln, haben sich seitdem bis zum Grande Arche in La Défense die Bauherren und Architekten der großen Gebäude in Paris immer wieder gemessen, so daß man die Kathedrale als den architektonischen «Kern» auch noch des neuzeitlichen Paris bezeichnen kann.

Weniger bekannt ist, daß die Kirche, vor der seit den Zeiten der absolutistischen Monarchie des 17. und 18. Jahrhunderts eine Marmorplatte den «Mittelpunkt Frankreichs» bezeichnet, über die Jahrhunderte hinweg immer mehr verfiel, bis die Wiederentdeckung des mittelalterlichen Erbes durch die Romantik und den entstehenden Denkmalschutz in der ersten Hälfte des 19. Jahrhunderts dem Gebäude eine großangelegte Wiederinstandsetzung angedeihen ließ. Als Napoleon sich am 2. Dezember 1804 in der Kathedrale feierlich zum Kaiser der Franzosen krönte, ließ er die heute wieder in ihrer ursprünglichen Form zu betrachtende Fassade unter anderem auch deshalb mit einem riesigen Prunkgemälde verhängen, da die Außenmauern von Notre-Dame bis zur Freilegung der tragenden Pfeiler verfallen waren.

Der nächste Schritt zur Front de Seine ergab sich aus dem Versuch der französischen Könige, zunächst der Kapetinger und später der Bourbonen, Gegengewichte der weltlichen Macht gegenüber der mit Notre-Dame und Sorbonne stark verankerten geistlichen Macht der katholischen Kirche zu schaffen. Der Ausbau des Louvre zunächst als königliche Wehrburg mit belagerungsfesten Mauern und vier militärischen Türmen und dann als repräsentatives Monarchenschloß entlang des rechten Seineufers stromabwärts der Ile de la Cité ist dafür ein herausragendes, aber nicht das einzige Beispiel.

Dieser Ausbau des Louvre hob bereits 1383 – im ausgehenden Mittelalter – unter König Karl V. an, der nach der Niederschlagung des letzten Pariser Bürgeraufstands gegen die entstehende monarchische Gewalt unter dem Kaufmann

Bild links:
König Karl V. der Weise (1338 – 1380) reformierte Frankreichs Finanzen und Wehrwesen und baute den Louvre aus

König Franz I. (1494 – 1547) schloß 1516 mit den Schweizern ewigen Frieden, machte Paris zur ständigen Residenz der französischen Könige und ließ das heutige Louvre-Schloß errichten

Etienne Marcel die Umgestaltung in ein Herrschaftsschloß ohne militärische Funktion begann.

Die Errichtung des heutigen Louvre-Schlosses dagegen nahm nicht zufällig parallel zur französischen Renaissance ihren Anfang, vor allem mit dem Beschluß Königs Franz I., Paris zur Residenz der französischen Monarchen zu erheben. Der Ausbau des Louvre entlang der Seinefront ging parallel zur Errichtung jener unbestrittenen Zentralgewalt des Königs, die die französische Geschichte so markant von der Geschichte anderer Länder unterscheidet.

Aus dieser Zeit und dem Verlangen, die weltliche Macht gegen den kirchlichen Einfluß über Notre-Dame und die Sorbonne auszubauen, stammt auch die Conciergerie. Dieser drohende Festungsbau am rechten Seineufer der Ile de la Cité ging aus dem früheren Stadtpalais der Kapetingerkönige hervor, von dem auch die Sainte-Chapelle, eine prachtvolle gotische Kirche inmitten des heutigen Justizpalasts, stammt. Für die Stärkung der monarchischen Macht war dieser Bau nicht weniger wichtig als der Louvre: die Conciergerie war seit dem 14. Jahrhundert das Gefängnis, in dem die französischen Königsdynastien die direkte Justizausübung durch den Staat in Stellung brachten, das zentrale Moment der Durchsetzung der neuzeitlichen Königsmacht gegenüber dem Adel und den lokalen Fürsten – damals eine bedeutende Modernität, da der Einzelne im übrigen Europa zumeist noch ein halbes Jahrtausend lang, bis ins 18. Jahrhundert, feudalen Verhältnissen und der Willkür eines lokalen Potentaten unterworfen blieb. Diese in der Conciergerie symbolisierte zentralstaatliche Rechtsprechung hatte auch ihre dunklen Seiten, durch die das Gefängnis der Conciergerie später auch berühmt wurde.

Da saßen schon lange vor der Französischen Revolution von 1789 bekannte politische Gegner des jeweiligen Monarchen ein, ebenso wie in der Gefängnisfestung Bastille stromaufwärts am rechten Seineufer. Während die Erstürmung der Bastille am 14. Juli 1789 das Ende der unbeschränkten Königsmacht besiegelte und man noch im selben Jahr mit dem Abriß der Bastille begann, verwendeten die wechselnden Regierungen der Revolutionszeit die Conciergerie weiter wie zuvor. Die Einkerkerung der abgesetzten Königin Marie-Antoinette bis zu ihrer Hinrichtung im Jahr 1793 wie auch des Revolutionsführers Maximilien Robespierre nach seinem Sturz im Juni 1794 machte die Conciergerie zu einem Negativsymbol der französischen Geschichte. Gar nicht zu reden von den in diesen Räumen verübten «September-Massakern», der nächtlichen Ermordung Hunderter Revolutionsgegner im September 1792 unmittelbar vor der Abschaffung der Monarchie und der Ausrufung der Republik.

Als der Revolutionsgeneral Napoléon Bonaparte im Jahr 1803 als Napoleon I. zum Kaiser der Franzosen wurde, hat er bewußt und spektakulärer denn je an der Front de Seine weitergebaut. Er erweiterte den Louvre und betonte die heute so bestimmende Achse vom Louvre über die Champs-Elysées in Richtung La Défense. Vor allem aber schuf er das städtebauliche Ensemble, das die neue parlamentarische Verfassung und den imperialen Anspruch des neuen Frankreich verkörpern sollte. Er ließ von 1803 bis 1807 am Palais Bourbon, dem Stadtpalais einer Nebenlinie der Bourbonen aus dem 18. Jahrhundert auf dem linken Seineufer, das ab 1795 zum Sitzungshaus des Parlaments geworden war, einen antikischen Portikus mit hohen, schlanken Säulen anbringen, um das Anknüpfen des modernen parlamentarischen Systems an die griechische Demokratie der Antike zu symbolisieren. So entstand eine architektonische Entsprechung mit der heutigen Madeleine-Kirche auf dem rechten Seineufer, einem zuvor unvollendet gebliebenen, 1764 begonnenen Kirchenbau, den Napoleon ab 1806 in einen antikischen «Tempel des Ruhmes» zu Ehren seiner Armeen umbauen ließ. Durch die optische Entsprechung zwischen den beiden identischen Gebäudefronten, die nicht weniger als 950 Meter voneinander entfernt sind und durch den dazwischen gelegen Place de la Concorde verbunden werden, auf dem seit 1836 ein ägyptischer Obelisk aus Luxor von 23 Meter Höhe thront, entstand eine der schönsten und großzügigsten städtebaulichen Anlagen der Neuzeit. Zum ersten Mal hatte ein Bauherr und nach Repräsentation strebender politischer Herrscher ein Projekt an der Front de Seine ganz bewußt als eine flußübergreifende Anlage angelegt, was später nirgendwo mehr so überzeugend gelang wie an diesen Bauten Napoleons rund um den Place de la Concorde. In der Folge mangelte es nicht an Versuchen, Seine-übergreifende architektonische Ensembles zu schaffen.

Die Weltausstellung von 1900 entwarf mit den Ausstellungsgebäuden «Petit Palais» (heute ein schönes städtisches Museum vor allem für Malerei des 19. Jahrhunderts und des Impressionismus) und «Grand Palais» eine Fortsetzung für den Invalidendom und den vorgelagerten Aufmarschplatz jenseits der Seine. Die Weltausstellung von 1937 schuf mit dem klassizistischen Palais Chaillot und der

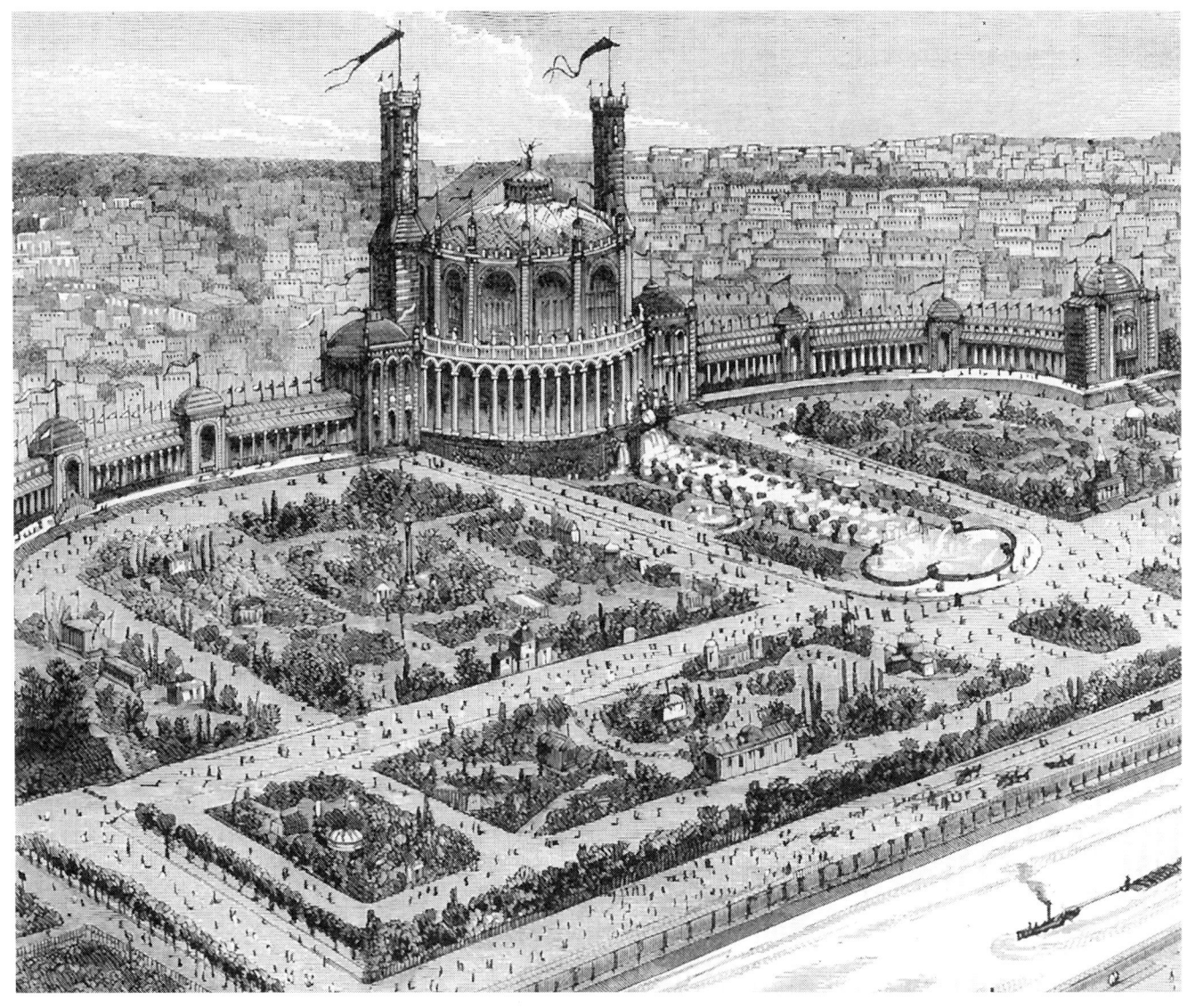

Weltausstellung 1878 in Paris

vorgelagerten, abgestuften Park- und Wasseranlage Jardins du Trocadéro auf dem rechten Seineufer eine Entsprechung zum jenseits des Flusses gelegenen Eiffelturm. Und auch François Mitterrand versuchte sich in den achtziger Jahren viel weiter stromaufwärts, im Osten von Paris, mit der Gegenüberstellung des neuen Wirtschaftsministeriums in Bercy am rechten Seineufer und der neuen Nationalbibliothek am linken Seineufer an einer solchen Seine-übergreifenden Anlage. An die bestechende Dimension des Ensembles um den Place de la Concorde aber kommt dieses neuere Beispiel nicht heran.

Der schönste einzelne Bau am Front de Seine bleibt gleichwohl bis heute der Eiffelturm. 1889 für die Weltausstellung errichtet, die den hundertsten Jahrestag der Französischen Revolution von 1789 und den Sturz der Diktatur Napoleons III. im Jahr 1870 feierte, war der 300 Meter hohe Stahlkoloß schon während seiner Errichtung heftig umstritten. Ein anderer Plan hatte übrigens schon damals darin bestanden, eine Pyramide vor dem Louvre zu errichten.

Der Bauunternehmer und Ingenieur Gustave Eiffel dagegen verstand seinen Turm, dessen technisches Wunderwerk die Zeitgenossen verblüffte, als Hymne und Symbol für den Fortschritt, der im 19. Jahrhundert die Lebensbedingungen ebenso stark umgewälzt hatte wie die Französische Revolution die politischen Verhältnisse. Zunächst wurde der Eiffel-

turm als temporäres Bauwerk und bloße Vorführung des technischen und industriellen Könnens errichtet und sollte nach dem Ende der Weltausstellung abgetragen werden. Gerettet und in einen Fortbestand bis in heutige Tage überführt wurde der Turm dann vom Militär: Mit der Entdeckung der drahtlosen Telegrafie und des Funkwesens erschien der an und für sich funktionslose Turm am Rande des damaligen verbauten Paris plötzlich als strategische Waffe ersten Ranges. Später kam mit dem Fernsehen noch eine weitere Nutzung hinzu und so wurde der Eiffelturm im Jahr 1957 mit der Anbringung entsprechender Antennen um zwanzig Meter erhöht. Heute werden gut drei Viertel der rund hundert Pariser Radiosender vom Eiffelturm herab ausgestrahlt.

Der Eiffelturm bleibt nach wie vor das meistbesuchte Monument in Paris. Die Besucherzahl bewegt sich um sechs Millionen jährlich. Wohl kein Denkmal der Welt wurde im 20. Jahrhundert von so vielen Menschen bestiegen und so oft fotografiert wie der Eiffelturm, und er bleibt auch das bekannteste Bauwerk Frankreichs, heute knapp gefolgt von der Glaspyramide vor dem Grand Louvre. Der unvergleichliche Zug des Eiffelturms ist noch heute die an einem Gebilde von solchem Ausmaß verblüffende Funktionslosigkeit. Lange vor den ersten Wolkenkratzern errichtet, enthält der Eiffelturm auch keine Büros, die die kommerzielle Daseinsberechtigung der

Nicht erschrecken! Aufbau, nicht Abbruch! Bauzeit Januar 1887 bis März 1889

Riesenhäuser des 20. Jahrhunderts darstellen. Der Philosoph Roland Barthes hat dem Stahlgerüst aus fünfzehntausend Einzelteilen ein eigenes Buch gewidmet und meinte, daß der Eiffelturm infolge seiner Durchsichtigkeit Generation für Generation fasziniere.

Zur Zeit der Errichtung des Turmes und bis ins frühe 20. Jahrhundert hinein lehnten dagegen die meisten Künstler, auch die Gründerväter der modernen Kunst, den Eiffelturm als anmaßende Eigenpropaganda der Industrie und als Symbol der Massenfertigung scharf ab.

Der Schriftsteller Joris Huysmans nannte den Eiffelturm eine «hohle Kerze» und sein Dichterkollege Paul Verlaine machte regelmäßige Umwege, um den Eiffelturm nicht sehen zu müssen. Stéphane Mallarmé wiederum, Mitbegründer der modernen Dichtung, ging regelmäßig in das Feinschmecker-Restaurant essen, das sich auf der ersten Besucherplattform des Eiffelturms in 57 Meter Höhe befindet. Denn diese Stelle, so meinte er, sei der einzige Ort in Paris, von dem aus man den verteufelten Turm nicht sehen müsse.

Die alten Viertel noch ...

Fast jeder Besucher von Paris fragt sich nach kurzer Zeit, wie man denn ein einfaches, zeitgenössisches Leben inmitten dieser unzähligen historischen Monumente, alten Adelspalais und Herrschaftsbekundungen führen könne. Erdrückt die Gegenwart dieser denkmalhaften Städtebauprojekte, denen jeder Herrscher von der Monarchie bis in die Republik der Gegenwart seine eigene Handschrift hinzufügen will, nicht die täglichen Lebensumstände in einer Metropole, die heute mehr denn je auf ihre Rolle als Wirtschaftsstandort ersten Ranges in der weltweiten Konkurrenz der Millionenstädte angewiesen ist? Gibt es in Paris noch ein Klima geruhsamen bürgerlichen Lebens, nachdem die Stadt seit den achtziger Jahren zum Hauptanziehungspunkt des internationalen Kulturtourismus wurde?

Diese Fragen werden ebenso oft von französischen Kulturjournalisten gestellt. Ist Paris nicht dabei, so fragen sie, allzusehr ein einziges Museum zu werden? Wird nicht die große Fußgängerzone, die im Verlauf der neunziger Jahre zwischen dem Grand Louvre, den historischen Stadtvierteln auf dem Rive Droite, dem rechten Seineufer, dem Musée d'Orsay und dem linken Seineufer geplant ist, den Innenstadtbereich von Paris in ein historisches Relikt verwandeln? So lauten regelmäßig die Feuilletonüberschriften der großen französischen Nachrichtenmagazine.

Bei genauerem Hinsehen erscheinen diese Fragen jedoch nicht sehr wirklichkeitsgemäß.

Das «Neue Paris», das aus der historischen «Auffrischungskur» durch die Großbauten Mitterrands hervorging, ist heute unvergleichlich dynamischer und aktiver als das Paris noch der späten siebziger Jahre. Jeder Fußgänger hat wohl in dieser Stadt mit Schrecken das Aufkommen der Botenfahrer auf ihren Kleinmotorrädern beobachtet. Sie fahren oft zu viert, den Spaziergängern im letzten Augenblick ausweichend, die Gehsteige entlang und bilden auch sonst ein neues, unabsehbares Element im Pariser Straßenverkehr.

Siebzig Prozent der Post wird heute im großstädtischen Zusammenhang des historischen Paris und der Banlieue-Vorstädte durch solche Botendienste abgewickelt, was die gleiche Dynamik des Geschäftslebens bedeutet wie im heutigen New York oder Frankfurt. In Paris haben sich jedoch entgegen diesen anderen Beispielen Botendienste per Fahrrad niemals durchgesetzt. Zum einen, weil der Stadtverkehr per Automobil zu anarchisch stattfindet und die Fahrspurmarkierungen für die Autofahrer scheinbar nur dazu da sind, um mißachtet zu werden. Zum anderen aber, weil in dem neuen Wirtschaftsleben, das die Stadtregion Paris seit den späten sechziger Jahren zunehmend ausbildete, die ständige

Kommunikation mit den weit vorgelagerten Außenbezirken mit ihren großen Lagerhallen und Forschungslabors zum bestimmenden Element des Arbeitsalltags wurde.

Für Fahrradboten, wie sie überall sonst in Europa vorherrschen, erweisen sich schon allein die geographischen Entfernungen vom Stadtzentrum in die Vorstädte als kaum bewältigbar, umsomehr als das Pariser Becken, ausgehend von den beiden Seineufern, dem Rive Gauche und dem Rive Droite, einen ständig ansteigenden Straßenverlauf über bisweilen fünfundzwanzig Kilometer bis in die Banlieue verursacht. Die Fahrradklubs, die es in Paris in fast jedem Stadtviertel gibt, organisieren denn auch alljährlich ein regelrechtes Bergrennen, das ausschließlich in Paris selbst stattfindet.

Von der Butte aux Cailles (56 Meter Höhendifferenz) über die Montagne Sainte-Geneviève (52 Meter) hinter dem Studentenviertel Quartier Latin, wo das Panthéon – der Heldentempel der Nation – steht, und über den Montparnasse-Hügel (60 Meter) geht es nach einer längeren Talfahrt und Flachstrecken auf den Chaillot-Hügel auf dem rechten Seineufer gegenüber dem Eiffelturm (65 Meter Steilstrecke) und – mit stetigem Anstieg – auf den Hügel von Montmartre (124 Meter Kletterfahrt). Nach zwei rasanten Abfahrten auf die Höhe der Seine herab geht es dann nochmals drei Berge hoch: auf die Buttes Chaumont (96 Meter Höhendifferenz) mit dem

wundervollen, als Berglandschaft angelegten Park aus dem späten neunzehnten Jahrhundert, dann zum Menilmontant (128 Meter Höhe), wonach eine Steilabfahrt mit 17 % Gefälle zum Ausgangspunkt zurückführt: dem Jacques-Anquetil-Radstadion, in dem mehrfach die Tour-de-France-Radrundfahrt ankam. Das «Bergrennen von Paris» könnte denn auch einmal eine regelrechte Tagesetappe der Tour de France abgeben.

Neben der wirtschaftlichen Dynamik der Großstadtregion, die bis heute und trotz aller Versuche der Dezentralisierung zugunsten der übrigen Teile Frankreichs den ökomischen Motor des gesamten Landes darstellt, bestimmt die starke Identität der einzelnen Stadtviertel das Leben der heutigen Einwohner von Paris. Diese starke Identität der einzelnen *quartiers,* der Stadtviertel, wurde oftmals als eine erhalten gebliebene dörfliche Struktur beschrieben. Zur Überraschung vieler, die für einige Monate oder über längere Zeit nach Paris ziehen, besteht diese dörfliche Organisation der Stadtviertel in Paris bis heute.

Erst im späten 19. Jahrhundert oder im frühen 20. Jahrhundert eingemeindete Vororte wie Montparnasse, Montmartre und Belleville haben ihre traditionelle Aktivität zumindest zum Teil bewahrt. So lebt Montmartre nach wie vor von den Spätfolgen jenes finanziellen Vorteils, den das kleine Weinbauerndorf an den Südhängen des Pariser Beckens Ende des 19. Jahrhunderts bot, als sich hier Künstler und Nachtlokalbetreiber niederließen. Damals betrugen die Mieten und die Verzehrzölle (heute Mehrwertsteuer) außerhalb der Stadtmauer, die noch entlang der Boulevards «Clichy» und «Blanche» verlief, gut die Hälfte weniger als innerhalb des Pariser Stadtverbandes, wodurch Fest- und Nachtlokale an der Außenseite des äußeren Boulevardhalbkreises selbst für gewöhnliche Einwohner von Paris erschwinglich blieben.

Das Moulin Rouge ist längst keine «Spelunke» mehr, wie sie Henri de Toulouse-Lautrec, Edgar Dégas und Vincent Van Gogh in diesem Bezirk besuchten, son-

dern eines der drei großen Pariser Nachtetablissements mit dem Folies Bergères etwas stadteinwärts und dem Lido an den Champs-Elysées. Doch stammt das Moulin Rouge noch aus jener Zeit der letzten Stadt- und Zollmauer des 19. Jahrhunderts, ob der auch die Malerbohème von den Impressionisten bis zu Pablo Picasso den Montmartre als Wohn- und Arbeitssitz wählte. Die Besiedlung des Montmartre-Hügels durch einen Teil der Pariser Künstler und der Intellektuellen hielt sich bis heute. Bei gleichen Quadratmeterzahlen sind hier Wohnungen und Ateliers immer noch billiger als un-

Toulouse-Lautrecs (1864 – 1901) Werbeplakat für das Moulin Rouge

«Der Spiegel», Pantomime im Folies-Bergère Ende des 19. Jh.

ten am Flußniveau der Seine, bei schönen Parks und fast dörflichen Straßen-
verhältnissen unmittelbar an der Spitze
von Montmartre, oft knapp hundert Meter von den großen Touristenströmen
dieses Viertels entfernt. Solcherart läßt
es sich eben auch im touristisch
streckenweise überlaufenen Paris der
Gegenwart leben.

Noch deutlicher wird diese dörfliche
Identität der Pariser Stadtviertel näher
der Seine und des historischen Stadtzentrums. Das frühere Arbeiterviertel Belleville hinter dem Place de la Bastille war im
19. Jahrhundert die Hochburg aller Re-
volutionen, die 1830, 1848 und 1870 die
Regierung stützen und die Wiederein-
führung der Republik zur Folge hatten.
Heute haben die Arbeiter, vom Anstieg
der Wohnungsmieten in die *banlieue* ver-
drängt, dieses Viertel weitgehend verlassen.

Doch läßt es diese Tradition noch ver-
spüren, da es seit Beginn des 20. Jahrhunderts Einwanderer aus allen Him-
melsrichtungen aufnahm und im «Quar-
tierleben» zu integrieren vermochte,
Italiener, Polen, Juden aus Mittel- und
Osteuropa, Spanier und Portugiesen,
und seit dem Zusammenbruch des französischen Kolonialreichs eine marokka-
nische und algerische Kaufmannselite,
neben Vietnamesen und Chinesen aus
Südostasien. Am Boulevard de Belleville
findet man heute das größte China-
restaurant Europas, eine Straße weiter
eine jüdische Synagoge, die auf die

Straße hinaus geht, und friedlich neben-
an ein islamisches Bethaus. Landesweit
bekannt ist Belleville heute als einer der
wichtigsten Stützpunkte des islamischen Paris neben der Großen Moschee
auf der anderen Seineseite hinter dem
Pflanzengarten «Jardin des Plantes».

Beide Viertel sind Schauplatz eines be-
ständigen Kampfes um Einfluß zwischen islamischen Fundamentalisten,
die ihre eigenen Zirkel und Buchhand-
lungen haben und auf der Straße in langen Gewändern auftreten, und dem offiziellen «französischen Islam». Dieser
bildet die zweitstärkste anerkannte Reli-
gion des Landes mit dreieinhalb Millionen Gläubigen, weit hinter dem Katholi-
zismus, aber noch vor dem Protestantis-
mus und dem Judentum.

Etwas unspektakulärer prägt die dörfliche Struktur jedes einzelne Viertel von
Paris, jedes *quartier*. Diese durch die Le-
bensgebräuche bezeichneten Viertel
sind nicht sehr groß, meist nur zwei bis
drei Straßengevierte lang, in jedem Fall
aber ungleich kleiner als die offiziellen
Stadtbezirke, die *arrondissements*. Jedes
dieser Viertel ist über weite Strecken ein
selbstgenügsames System. Der Einkauf
orientiert sich an etwa vierzig Straßen-
märkten, die meist zweimal wöchent-
lich abgehalten werden und in jedem
quartier anzutreffen sind. Dienstags und
Mittwochs sowie am Wochenende bieten da Bauern und landwirtschaftliche
Unternehmen aus der Umgebung und
aus der reichen Normandie ihre hoffri-

schen Waren an. Rund um diese Reste des früheren «ländlichen Paris», die zum unverzichtbaren Bestandteil der Lebensumwelt in der Seinestadt zählen, erfüllt jedes *quartier* fast alle Lebensfunktionen. Man findet alles, von der *épicerie fine*, dem Laden für feine Eßwaren, spezielle Gewürze, Liköre, Tee und den verschiedenen Sorten Schokolade, bis zur Kaffeerösterei, die in den letzten Jahren nach dem Anstieg der Ladenmieten allerdings oft in einen Hinterhof übersiedelte, drei bis vier *boulangeries*, Bäckereien mit überraschend unterschiedlichen Arten, die genormte Weißbrot-Baguette zu fertigen, und *bistros*, wo Stammgäste oft den ganzen Vor- oder Nachmittag verbringen wie in gleichwelchem französischen Dorf.

Ein solches Pariser *quartier* funktioniert noch immer wie eine «Stadt in der Stadt». Die früher in jedem Haus tätigen *concierges*, die Pförtnerinnen, waren geradezu stolz darauf, im gleichen *quartier* geboren zu sein, in dem sie auch noch ihre alten Tage verbrachten. Nicht umsonst betitelte Louis Aragon seinen surrealistischen Paris-Roman «Der Bauer von Paris». Wie auf dem Land verließen die einfachen Leute, Handwerker und Kleinkaufleute etwa, früher nur wenige Male im Leben ihr Pariser *quartier*. Man ging zur Hochzeit ins jeweilige Bezirksrathaus und zu zwei oder drei anderen Gelegenheiten «hinaus». Etwas von dieser «bäuerlichen» Struktur hat sich noch erhalten.

Denn auch heute verlassen viele, die nicht berufsbedingt weit entfernt zu tun haben, «ihr» Viertel oft wochenlang nicht. Am liebsten läßt man sich, wenn möglich, nahe an der Arbeitsstätte nieder, die Modeleute rund um den Sentier und den Place de la Victoire, das Mode- und Boutiquenviertel, und die Intellektuellen auf dem linken Seineufer in Saint-Germain. Dann schon mal auf die jeweils andere Seineseite zu gehen, erfordert für den «richtigen» Einwohner von Paris einen besonderen Anlaß.

So aber hat jedes Viertel oder *quartier* seine eigene, oft über Jahrhunderte weitervererbte Identität. Der Marais (deutsch Sumpf), das im Mittelalter hochwasserbedrohte Gebiet am rechten Seineufer zwischen dem Place de la Bastille und dem Centre Pompidou, war seit dem Ausbau des Louvre zum Königsschloß der Sitz des Hofadels. Er weist noch immer wundervolle Stadtpalais auf, die in den achtziger Jahren die seit langem überfällige Reinigung der zuvor pechschwarzen Fassaden erlebten.

Ebenfalls zur Erfüllung der höfischen Aufträge ließen sich nach Westen anschließend an der Rue du Temple die Taschenmacher und Gebrauchsschmuckhersteller nieder. Das Temple-Viertel, benannt nach der gleichnamigen Festung, in der unter anderem die abgesetzte Königsfamilie mit Marie-Antoinette von 1792 bis 1793 gefangengehalten wurde, ist noch heute fast ausschließlich von dieser Taschenmacher-Aktivität geprägt.

Sentier, das Kleidermacherviertel

Rue St-Denis, schon im Mittelalter berüchtigte Strichstraße

Die Läden sind heute überwiegend in chinesischer Hand und leben dafür auch auch vom Exportgroßhandel über den gesamten Erdball.

Das gleiche gilt für den Sentier, das traditionelle Kleidermacherviertel von Paris entlang der Rue Saint-Denis zwischen den «Hallen» und dem Boulevardhalbbogen. Nur die tagsüber ständig von Lieferwagen verstopften Straßen zeigen dem Spaziergänger hier an, daß es sich um das führende Entwerfer- und Schneiderviertel des Weltmarkts handelt.

Avantgardistische Modehäuser, die Paris in den achtziger Jahren im Bereich des Prêt-à-Porter wieder zur Hauptstadt der Mode machten, wie Yamamoto, Comme des Garçons, Kenzo, Miyake, Jean-Paul Gaulthier und Thierry Mugler lassen im Sentier arbeiten, wie früher der Hofstaat des Louvre und im Schloß von Versailles. Auch die Einzelanfertigungen der großen Haute-Couture-Häuser Chanel, Yves Saint-Laurent, Pierre Cardin, Nina Ricci, Lagerfeld und Christian Lacroix werden fast durchwegs hier ausgeführt. Die Fachleute für Vorschnitt und Fertigung im Sentier gelten als die besten der Welt, und so manche Prêt-à-Porter-Linie von Modeschöpfern in London und New York ist ein Produkt aus diesem Pariser *quartier*.

Allein davon aber könnte heute auch dieses Viertel nicht leben. Die Kleidermacherdynastien aus den von Frankreich verlorenen nordafrikanischen Kolonien, die seit der Entkolonisierung nach Paris heimkehrten und heute die Aktivität im Sentier bestimmen, lassen per Fax und Telekommunikation für Großkaufhäuser in aller Welt arbeiten, vornehmlich in Asien, wo solcherart alle vier Wochen neue Kollektionen von Mode «Made in Paris» zum Kauf angeboten werden. Die Schneider- und Entwerferateliers füllen in diesem Viertel rund um die Rue Saint-Denis, die schon im Mittelalter berüchtigte Prostituiertenstraße, die Häuser oftmals bis in den Dachbereich.

Man braucht jedoch nur wenige hundert Meter weiter nach Westen vorzudringen, um keine Spur mehr von dem geschäftigen Getriebe mit Anklängen an «Dritte Welt»-Städte vorzufinden, das im Sentier vorherrscht. Ein paar Häuserblocks weiter befindet man sich bereits im Triangle d'Or. «Goldenes Dreieck», so wird das Viertel zwischen dem Sentier, der Avenue de l'Opéra und dem Boulevardhalbbogen genannt, in dem die französische Finanzwelt seit den dreißiger Jahren des 19. Jahrhunderts ihre Heimat hat.

Den Mittelpunkt dieses Quartiers bildet die «alte» Börse, die noch vor der Jahrtausendwende zugunsten einer neuen, vollelektronischen Finanz- und Wertpapierbörse nahe am neuen Wirtschaftsministerium in Bercy außer Betrieb gesetzt werden soll. Das Börsengebäude weist nicht zufällig die gleichen antiken Säulenfronten und die Grundform eines griechisch-römischen Tempels auf wie auch das Abgeordnetenhaus Palais

Textfortsetzung Seite 161

Bilder Seite 145:
Kontraste: Paris weist sieben «monarchische» Plätze auf, die allesamt aus der Blütezeit der französischen Monarchie des frühen 18. Jh. stammen. Der Place Vendôme ist der schönste und geschlossenste dieser Plätze. Zwischen 1687 und 1720 unter Ludwig XIV. errichtet, sah dieser Platz später die zur eigenen Ehre 1806 errichtete Trajansäule mit der Gestalt Napoleons in den Kleidern des ersten römischen Kaisers Cäsar an der Spitze. Dieses zum damaligen Zeitpunkt als megaloman beurteilte Denkmal wurde beim Sturz Napoleons 1815 durch eine Lilienblume, das Symbol der alten französischen Königsdynastie, ersetzt und im

Jahr 1833 durch eine neue Napoleonstatue in bürgerlichem Gewand. Diese allgemein akzeptierte Statue Napoleons I. ließ Napoleon III. 1863 durch die ursprüngliche Darstellung von Napoleon als antikem Alleinherrscher ersetzen, worauf sie während der Revolution von 1870 von Künstlern gefällt wurde. Der bekannteste unter ihnen, Gustave Courbet, büßte daraufhin eine Gefängnisstrafe ab und mußte aus eigener Kasse die Wiedererrichtung der Statue mit Napoleon als antikem Diktator bezahlen.

Unten:
Die Bouquinisten an den Seine-Quais im Innenstadtbereich sind eine Pariser Institution, ebenso wie Notre-Dame und der – im Hintergrund sichtbare – Grand Louvre

Der Canal Saint-Martin wurde von Napoleon Anfang des 19. Jh. zur Trinkwasserversorgung von Paris und zur leichteren Anlieferung der Grundversorgungsgüter aus dem Norden angelegt. Neun Schleusenbecken waren notwendig, um den Höhenunterschied vom Hügel von La Villette bis zum Place de la Bastille auszugleichen

Unten:
Das 1994 fertiggestellte American Center ist das wichtigste Beispiel privat finanzierter neuer Architektur in Paris. Das Haus bietet Tanz, Theater, Film, Musik und Bildende Kunst von höchstem Niveau an

Pariser Lebensart = Modernität und Tradition:
– Die wegen der Höhenunterschiede am Nordrand des historischen Paris zum Teil überirdisch geführte Metro als Stelzenschienenbahn aus den ersten Jahren des 20. Jh.
– Eine schicke Boutique im früheren Hofadelsviertel Marais, die bei der Übernahme einer alten Bäckerei 1987 die aus der Jahrhundertwende stammende, reichverzierte «Boulangerie»-Fassade gar nicht erst veränderte
– Zollstation des Architekten Nicolas Ledoux (18. Jh.) unterhalb der Cité des Sciences et de l'Industrie. Ledoux hatte aus der klassizistischen und barocken Architektur jedes Dekor entfernt und nur noch die geometrischen Formen Kreis, Gerade und Dreieck verwendet. Er wurde damit zum großen Vorbild der modernen Architektur

Das Institut de France, Heimstatt der «Académie Française», ist die wichtigste geistige Institution aus der Zeit des französischen Absolutismus. Von Kardinal Mazarin, dem Inspirator des Absolutismus, und Kardinal Richelieu ab dem 17. Jh. eingerichtet, besteht dieses Institut heute aus insgesamt fünf Akademien oder Weisenräten. Sie haben einen immensen Einfluß, umsomehr als die jeweiligen Mitglieder nach dem Vorbild der humanistischen Akademien der Renaissance frei über den Nachfolger eines Verstorbenen befinden und amtierende und ehemalige Politiker ausgeschlossen sind. In der «Académie Française», die unter der Kuppel tagt, aufgenommen zu werden, ist immer noch das größte Lebensziel der meisten französischen Wissenschaftler und Schriftsteller

Hinter dem Wolkenkratzerviertel von La Défense erstreckt sich die für billigen Wohnraum geschaffene Trabantenstadt Nanterre. In ähnlichen Vorstädten rund um die Seinemetropole, in denen sich Betonhochhäuser mit Sozialwohnungen und schier endlose Einfamilienhausviertel abwechseln, leben heute mehr als zehn Millionen Menschen, gegenüber nur 1,5 Millionen in der Stadtgemeinde Paris. Was haben da die Architekten nicht alles versucht, um Billigwohnraum für jeweils Hunderte Familien auch noch mit ein wenig Charme auszustatten. Diese Wohntürme wurden Anfang der siebziger Jahre mit «fantasievollen» Fensterformen ausgestattet, hinter denen sich jedoch die immergleichen Wohnungen befinden. Mit der starken Abnützung in nur wenigen Jahrzehnten scheinen diese Fenster zu «weinen»

Abendstimmung am Arche de La Défense, nur etwa fünfhundert Meter von den «weinenden Wohntürmen» entfernt. Deutlich ist das Zeltdach zu erkennen, das infolge der unterschätzten Sogwirkung unter dem Riesenbogen angebracht werden mußte, damit Fußgänger nicht einfach weggeblasen werden. Die beiden gerüstartigen Schächte dienen den Aufzügen, die zur Aussichtszone im Dach hochfahren. Der Grande Arche beeindruckt nicht nur durch seine Außenbeleuchtung, sondern vor allem durch das Licht, das von den überall in dem verblüffenden Gebäude angesiedelten Büros ausgeht

Von der Caféhaus-terrasse des Institut du Monde Arabe eröffnet sich ein schöner Blick auf das historische Stadtzentrum der Ile de la Cité und die Kathedrale Notre-Dame

Nächste Doppelseite: *Im abendlichen Ausblick vom Tour Mont-parnasse erscheint Paris als Lichter-meer. Durch Strahler-anlagen herausgeho-ben sind der Invalidendom im Vorder-grund und der Triumphbogen am Ende der Champs-Elysées im Hintergrund. Doch auch sonst ist Paris nachts die «Ville-Lumière». Die Stadt scheint zumindest bis zwei Uhr früh ebenso aktiv wie während des Tages*

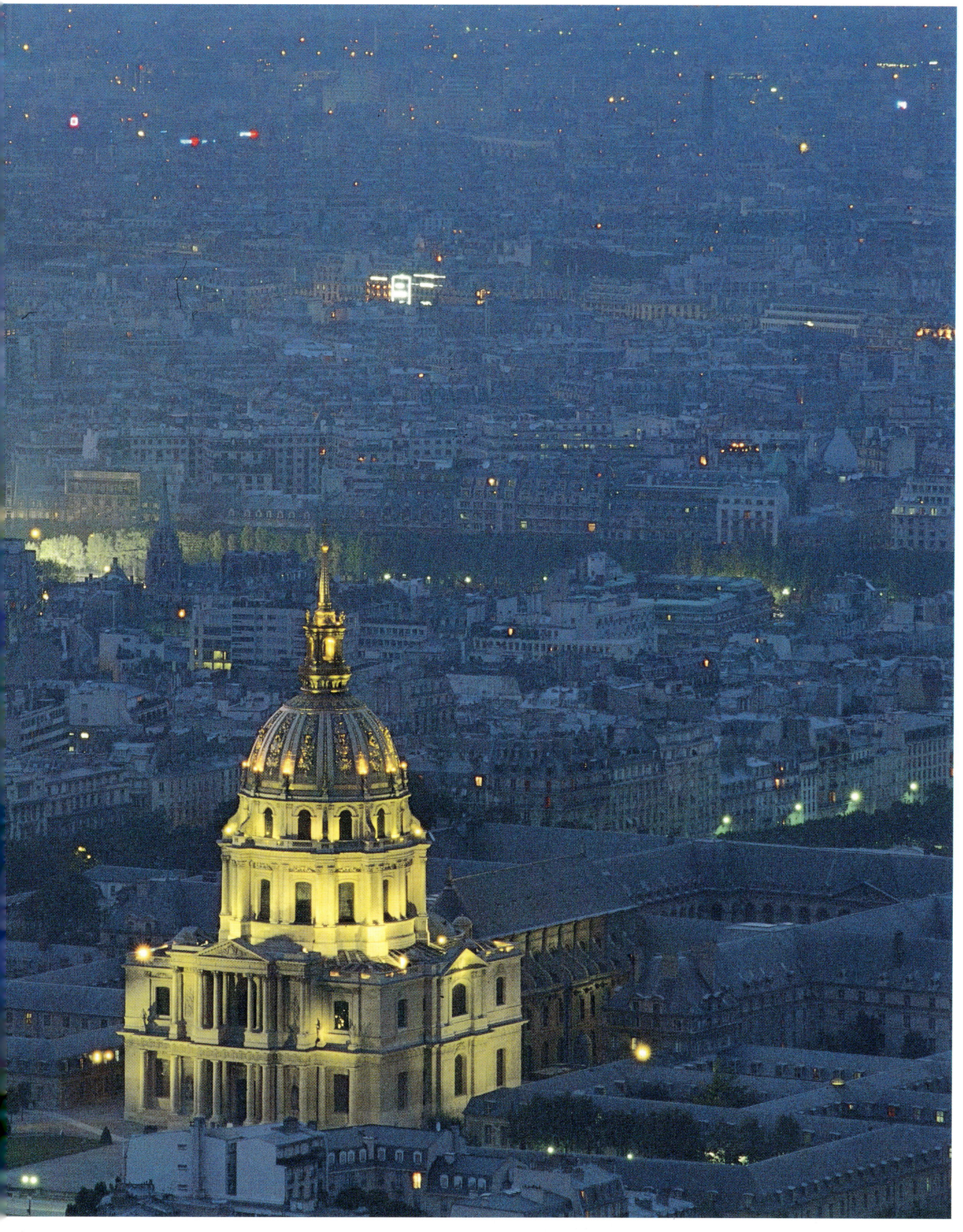

Viele Monu-
mente von
Paris sind
nachts noch
eindrucksvoller
als am Tag.
Dazu zählt die
Basilika Sacré-
Coeur, ein
unüberseh-
barer Fixpunkt
jedes nächt-
lichen
Streifzugs
durch die Stadt

Der Grande Arche im Durchblick einer «Stabile»-Skulptur des großen amerikanischen Bildhauers Alexander Calder. Paris besteht immerfort aus der Begegnung mehrerer Welten. Hier ist es das Aufeinandertreffen der Welt des surrealistischen Bildhauers, der das spielerische Prinzip auf die Fahnen schrieb, und hochtechnologischer moderner Architektur. Die Lichterwelt der Pariser Nächte ebnet Epochen und Stile in eine Märchenerzählung ein

Es gibt etwa dreihundert Privat- und Kleinmuseen in Paris. Eines der ergreifendsten ist das nur gegen Voranmeldung zu besichtigende Musée Edith Piaf. In seiner Privatwohnung hütet ein noch heute jugendlicher Freund aus den letzten Lebensjahren der größten französischen Chansonsängerin des Jahrhunderts über dreihundert Gegenstände aus der nicht weit entfernt gelegenen Kleinwohnung von Edith Piaf. Auf unserer Aufnahme ist in der Bildmitte eine lebensgroße Gestalt ‚der Piaf' zu sehen, wie die Franzosen sagen, links ihr bevorzugter Teddybär und an den Wänden eine Auswahl aus den Porträtbildern, die bekannte und unbekannte Maler von der berühmtesten Französin des Jahrhunderts ausführten

Auch Weinbau gab und gibt es bis heute in Paris. So hat Paris auch ein eigenes Musée du Vin. Wein wurde ursprünglich an allen Südhängen der Seine-Stadt angebaut, vom Chaillot-Hügel bis zu den der Seine zugewandten Abhängen von Montmartre. Das Musée du Vin hat seinen Standort in stillgelegten Weinkellern des 16. Pariser Stadtbezirks gewählt. Gleich darüber wurde seit dem späten 19. Jahrhundert das Viertel der Superreichen von Paris errichtet. Die Weinkeller blieben dennoch ohne größere Unterbrechung genützt, bis sie heute zum Museum einer der vielen in Paris fast ausgestorbenen Korporationen wurden

Nacht-
ansichten:
Die Brunnen
am Place de la
Concorde
wurden im
18. Jahrhun-
dert im Sinne
des französi-
schen Rokoko
errichtet, das
die Naturreligi-
on der Auf-
klärungsphilo-
sophie bereits
früh in sich
aufnahm.
Heute bilden
diese Brunnen
einen der
Hauptpunkte
jedes Pariser
Abendspazier-
gangs, am
schönsten
gerade nach
einem
schweren
Regenguß. An
besonders
heißen
Sommertagen
wird heute
aber auch das
Baden in
diesen
Brunnen-
becken
toleriert

Nacht-
ansichten:
Beim Eiffelturm
fügen sich die
unzähligen an
der waghalsi-
gen Turmkon-
struktion
angebrachten
Neonlichter zu
einem un-
übersehbaren
Lichterspiel
zusammen

Nächtlicher Blick vom Tour Montparnasse zum Necker-Kinderspital. Das 1778 von der Gattin des schweizerischen, reformfreudigen Regierungschefs der letzten französischen Monarchenregierung gestiftete Benediktinerkloster gilt heute als eines der führenden Kinderspitäler der Welt. Im Vordergrund der nächtlich beleuchtete Boulevard Montparnasse

*Nicht Athens
Akropolis,
sondern die
Pariser Börse!
Eröffnet 1832*

Bourbon und die Madeleine-Kirche. Den Umstand, daß hier eine moderne Börse in eine antikische Tempelform gekleidet wurde, nahm in den Jahren 1830 bis 1848, der ersten Blütezeit des französischen Kapitalismus, der Karikaturist Honoré Daumier wiederholt aufs Korn, und das Thema beschäftigte gleichfalls den jungen, in Paris exilierten Karl Marx in seinen «Frühschriften».

Auch in diesem Fall war Napoleon I. der Auftraggeber. Er hatte den Architekten Alexandre Brongniart angewiesen, in der 1808 begonnenen und schließlich 1832 fertiggestellten Börse die Akropolis von Athen als Bürgschaft der neuen Zeit zu zitieren, die sich mit dem Industriezeitalter des 19. Jahrhunderts beginnen werde.

Seit den achtziger Jahren ist die Pariser Börse wieder zu einer der sieben großen Börsen der Welt aufgestiegen. Mit der verblüffenden Dynamik der New Yorker Börsen- und Bankenstraße Wall Street aber hat das eher geruhsame Geschäftsleben unter dem oberlichtbestrahlten Glas-Eisen-Dach jedoch wenig zu tun. Ein wenig von der «amerikanischen» Geschäftsdynamik findet man schon eher zur Mittagszeit in den großen, kulinarisch hervorragenden Brasserien, die die Börse umgeben.

Hier finden sich ab 13 Uhr alle leitenden Personen einschließlich der Generaldirektoren nicht nur der Börsenmaklerfirmen ein, sondern auch der umliegenden Hauptsitze der großen Banken und Versicherungsgesellschaften Frankreichs.

Es wird sehr gut und sehr lange gegessen, bis halb drei Uhr nachmittags. Dabei geht es sehr gepflogen, aber laut zu, denn quer durch das Lokal werden Neuigkeiten, Strategien und Geschäftseindrücke ausgetauscht und sogar Abschlüsse getätigt.

Man hat nicht ganz zu Unrecht den Eindruck, das Restaurant sei hier die wirkliche Börse. In jedem Fall hat man vor Augen, was auf den Wirtschaftsseiten der großen Tageszeitungen unter dem geheimnisvollen Begriff des «französischen Kapitalismus» kursiert. Die leitenden Personen der Großunternehmen kennen einander nahezu alle, ebenso wie ihre Adjudanten, denn sie stammen aus den französischen Eliteschulen und Kaderschmieden, aus denen mit ganz seltenen Ausnahmen auch sämtliche Politiker kommen. So läßt sich auch jedes geschäftliche Problem beim bloßen Mittagessen unter Wirtschaftsführern im Pariser Börsenviertel einer Lösung zuführen. Zwischen 12.30 Uhr und 14.30 Uhr braucht man ohnedies in keinem Büro in Paris anrufen. Auch die Angestellten wachen eifersüchtig auf das angestammte Recht einer ausgedehnten Mittagspause, bei der sie dann oft das Wichtigste des Arbeitstages bereden.

Das Triangle d'Or, das heutige Börsenviertel, war in der ersten Hälfte des 19. Jahrhunderts über die damals neue Finanzwelt hinaus auch das schicke und intellektuelle Viertel von Paris. Von den überdachten Gängen des Palais Royal, des Stadtschlosses der liberalen Nebenlinie der Bourbonendynastie, bis zum Boulevardhalbbogen weiter nördlich, der damaligen Begrenzung der verbauten Stadt, spannt sich ein Netz aus Passagen, aus Wandelgängen in den Häusern, die mit transparenten Glas-Eisen-Konstruktionen überspannt sind und durch die man selbst vom Regen unbehelligt durch den ganzen Bezirk wandeln kann. Damals befanden sich in diesen Durchgängen auch die schönsten Läden der Stadt.

Von diesen Passagen besteht heute noch ein gutes Dutzend, vor allem die Passage des Panoramas, die erste, 1808 errichtete Passage überhaupt, benannt nach den zugleich mit den Passagen aufgekommenen illusionistischen Riesenrundbildern, die Schausteller in diesem Viertel feilboten. Etwas später folgten die noch heute bestehenden Boulevardtheater für leichte Unterhaltung. Damals waren die überdeckten Passagen von Paris das Neueste vom Neuesten der modernen Technik. Jede größere Stadt in Europa suchte diese Einrichtung nachzuahmen. Die Passagen spiegeln jenen Lebensstil wider, der im deutschsprachigen Raum als «Biedermeier» bekannt ist. «Dandies» und Künstler aus der Bohème machten sich über das gesetzte Gehaben jener wohlhabenden Leute lustig, die sich hier bei einer Tasse Schokolade und einem kleinen Einkauf verlustierten, indem sie Schildkröten an der Leine durch diese luxuriösen Geschäftsgefilde führten. Der deutsche Kulturphilosoph Walter Benjamin, ein Exilierter der dreißiger Jahre in Paris, verfaßte ausgehend von diesen Passagen sein unvollendetes Hauptwerk, das «Passagen-Werk».

Noch heute findet man in den Passagen des Börsenviertels so manche verträumte und verstaubte Ecke. Das eigenartige Licht, das selbst bei klarem Himmel und vollem Sonnenlicht nur indirekt, durch das Glas grau gefiltert herabdringt, führt den Spaziergänger hinaus auf den Boulevardhalbkreis, an dem das Paris der Belle Epoque überdauert, mit dem Wachsfigurenmuseum Musée Grévin an der Passage Jouffroy, mit bekannten Restaurants wie Chez Chartier, gleich ums Eck gelegen, dem Café de la Paix und einige Preisklassen darüber Chez Maxim's in der Rue Royale beim Place de la Concorde. Ebenso wie die allenthalben noch erhaltenen Metro-Eingänge aus der Errichtungszeit des U-Bahn-Systems um das Jahr 1900 spiegeln die geschwungenen Pflanzenmotive des «Art Nouveau» in diesen Lokalen und an vielen Häusern der Pariser Bausubstanz den Optimismus der Jahrzehnte vor dem Ersten Weltkrieg wider. Die Restaurationsepoche, wie man in Frankreich die Zeit von 1815 bis 1848, das «Biedermeier», benennt, und die Belle Epoque an der Wende vom 19. zum 20. Jahrhundert, als die Wirtschaft florierte und ein Zeitalter des allgemeinen Fortschritts angebrochen schien, bilden die beiden Epochen, die das bürgerliche Leben in Paris bis heute prägen.

Daß man in Paris auch weniger bürgerlich leben kann, zeigen nun schon seit Generationen die «Intellektuellen», das heißt die Schriftsteller, Universitätsprofessoren und Philosophen im Quartier Saint-Germain. Dieses Viertel war noch in der zweiten Hälfte des 19. Jahrhunderts, als das Triangle d'Or und der Marais bereits längst voll bebaut waren, ein dörfliches Gefüge aus kleinen Palais und Adelssitzen. Saint-Germain galt von jeher als der Sitz des alten Geburtsadels, der in Frankreich früher als in den anderen europäischen Ländern vom Königtum entmachtet wurde und sich dann nie in den neuen Hofadel einfügte, der im Louvre oder in Versailles den absolutistischen Staat verwaltete. Das Quartier Saint-Germain, flußabwärts am linken Seineufer unmittelbar an der Sorbonne gelegen, stand seit dem 16. Jahrhundert im Ruf, ein Viertel der Opposition zu sein.

In den siebziger Jahren des 18. Jahrhunderts kamen dann hier die Vordenker der Französischen Revolution auf, die Schriftsteller Voltaire und Diderot, die Ärzte Marat und Guillotin und die Rechtsanwälte Danton und Robespierre. Ihr «Hauptquartier», das Café Procope, ist noch heute ein Speiselokal im damaligen Stil. Guillotin, ein Arzt, der mit der Erfindung der Guillotine den Strafvollzug humanisieren und demokratisieren wollte, wohnte im Nebenhaus. Marat, der als vielgelesener Journalist zur Ausschaltung der Revolutionsgegner aufrief, hatte in der Passage hinter dem Café Pro-

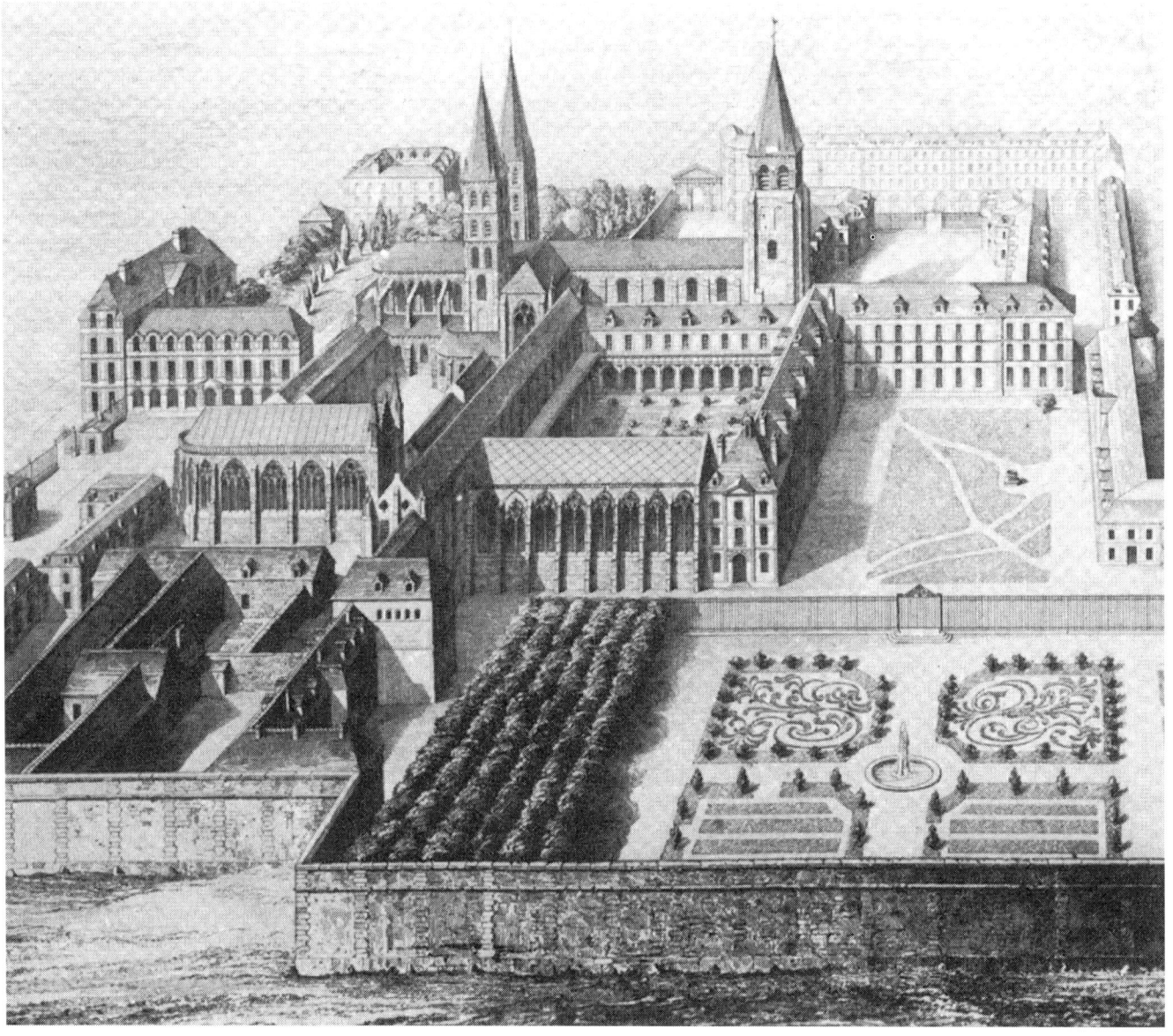

*Abtei von
Saint-
Germain-dès-
Près, gegrün-
det 543,
erweitert
11./12. Jh.*

cope seine Druckerei. Er wurde 1793 von Charlotte Corday genau an jener Stelle in seinem Bad ermordet, an der nunmehr die Danton-Statue des Place de l'Odéon steht.

Ob die berühmten Existentialisten, die nach dem Zweiten Weltkrieg mit ihrer Protesthaltung neuerlich das Leben dieses Stadtviertels bestimmten, von den Dramen der Revolutionszeit noch be-

einflußt waren? Man möchte es fast vermeinen.

Im 20. Jahrhundert haben sich die zuvor im Börsenviertel des Triangle d'Or angesiedelten Buchverlage weitgehend in diesem Viertel rund um die Kirche Saint-Germain-dès-Près niedergelassen. Ihnen sind die Schriftsteller und Intellektuellen gefolgt, lange bevor die existentialistische Jugendbewegung der Nachkriegszeit in den Kellergewölben oft aus dem 15. und 16. Jahrhundert den idealen Ort für Jazzkeller und freie Tanzformen entdeckte. Jean-Paul Sartre, der Philosoph des Existentialismus, brachte das Kunststück fertig, so bekannt zu werden wie der als Patriarch regierende Staatschef General de Gaulle. Er wohnte in einer kleinen Wohnung gegenüber der Kirche von Saint-Germain. Die beiden Cafés am Eck der gleichnamigen Kreuzung, das Café de Flore und das Café des Deux Magots, wurden durch seine regelmäßige Anwesenheit zum weltweiten touristischen Anziehungspunkt. Wenn Sartre über die Straße ging, liefen die Leute tatsächlich zusammen, um ihn einmal gesehen zu haben.

Heute gibt es keinen Denker dieses Formats und dieser Ausstrahlung mehr in Paris. Doch die bekanntesten Essayisten und Philosophen leben auch heute noch in Saint-Germain. Die Leute drehen sich nach wie vor zu Dutzenden um, wenn Bernard-Henri Lévy, André Glucksmann oder Michel Serres über die Straße gehen. Mit ihrer freien Rede und ihren meist überaus prononcierten Stellungnahmen spielen sie nach wie vor eine nicht wegzudenkende Rolle in Paris.

Früher riefen die Kellner in Pariser Cafés, wenn sich junge Leute an einen Tisch setzten: «Was wünschen die Künstler, ich täusche mich doch nicht in der Berufsbezeichnung?» Wer sich heute in Paris mitten am Nachmittag vor einer Brasserie an einen Tisch setzt und mehrere Seiten Papier vollschreibt, wird noch immer vorzüglich behandelt, denn man könnte ja ein Schriftsteller sein. Solange sich das nicht ändert, ist Paris seinem Namen noch treu.

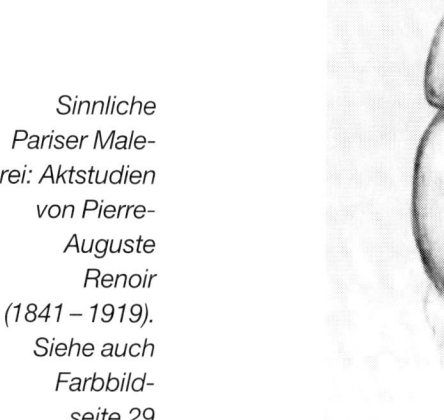

Sinnliche Pariser Malerei: Aktstudien von Pierre-Auguste Renoir (1841 – 1919). Siehe auch Farbbildseite 29

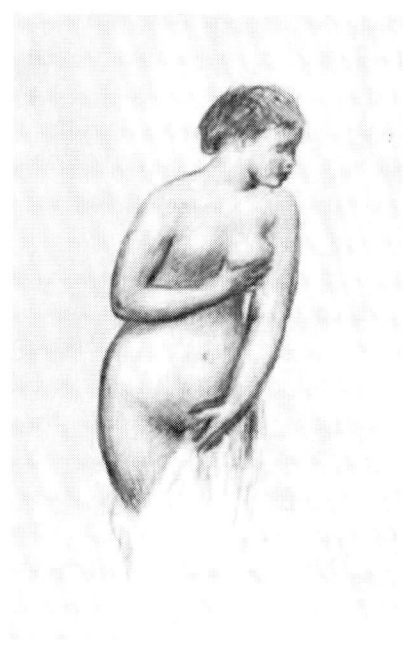

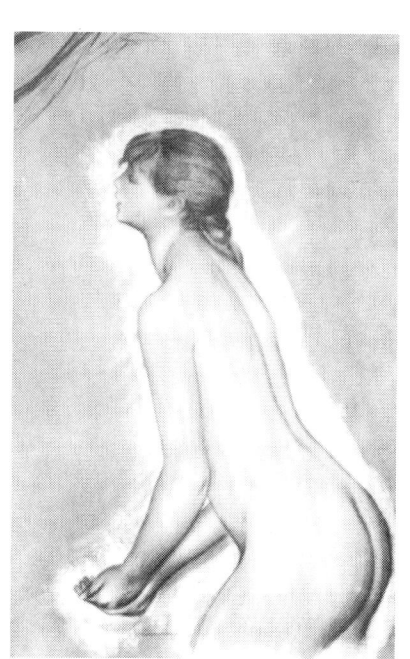

terra magica **Weltreisen: für Leute, die hinfahren,**
und für interessierte Daheimbleibende

Leoš Nebor/Bedrich Rohan
PRAG
168 Seiten mit 102 Farbfotos auf
86 Farbbildseiten. 23 SW-Abb.,
Linson.
Großformat
ISBN 3-7243-0297-5

Kenneth McKenney/div. Fotografen
MEXIKO
288 Seiten m. 283 Farbfotos auf 208
Farbbilds. 17 SW-Abb., Karte. Linson.
Großformat
ISBN 3-7243-0301-7

Max Schmid/Bedrich Rohan
SCHOTTLAND
200 Seiten mit 172 Farbfotos auf
110 Farbbilds. 30 SW-Abb. Linson.
Großformat
ISBN 3-7243-0305-X

G.A. Rossi/G. Caselli
ÄGYPTEN
280 Seiten mit 190 Farbfotos auf
200 Farbbildseiten und 25 S/W-Abb.
im Text. Linson.
Großformat
ISBN 3-7243-0292-4

Max Schmid/Udo Sautter
KANADA
208 Seiten mit 100 Farbfotos auf
118 Farbbildseiten, 34 historische
SW-Abb., Linson.
Großformat
ISBN 3-7243-0298-3

Annaliese Wulf/Gerard Saitner
VIETNAM
200 Seiten mit 200 Farbfotos auf
110 Farbbildseiten. 12 SW-Abb.
Karte. Linson.
ISBN 3-7243-0314-9

Einheimische Autoren
CHINA Reich der Mitte –
Wiege der Weisheit
288 Seiten mit 192 Farbfotos
auf 208 Farbbildseiten. 32 SW-Abb.
Großformat
ISBN 3-7243-0306-8

Kenneth McKenney
AUSTRALIEN
288 Seiten mit 240 Farbfotos auf
200 Farbbildseiten. 23 SW-Abb.
Linson.
Großformat
ISBN 3-7243-0299-1

Heidi Munan/C. Prager
MALAYSIA und SINGAPUR
200 Seiten mit 197 Farbfotos
auf 110 Farbbildseiten. Karte.
Linson.
ISBN 3-7243-0313-0

Max Schmid/Roman Schatz
FINNLAND
184 Seiten mit 130 Farbfotos auf 96
Farbbildseiten. 22 SW-Abb. Linson.
Großformat
ISBN 3-7243-0295-9

Johannes Kautzky/Pavlos Tzermias
GRIECHENLAND Festland
200 Seiten mit 133 Farbfotos auf
110 Farbbildseiten. 58 SW-Abb.,
im Text. Linson.
Großformat
ISBN 3-7243-0291-6

Udo Hess/René Brunner
FRANKREICH
184 Seiten mit 120 Farbfotos auf 96
Farbbildseiten. 33 S/W-Abb. Linson.
Großformat
ISBN 3-7243-0293-2

terra magica **Das grenzenlose Programm.**

Die schönsten Seiten der Welt
in jedem *terra magica* Groß-Farbbildband

Hans J. + Eleonore Matussek
FLORIDA
Das Land, wo die Orangen blühn
200 Seiten mit 164 Farbfotos auf
110 Farbbildseiten. Linson.
Großformat
ISBN 3-7243-0302-5

Hans Joachim Matussek
**SÜDSEE Fidschi Frz.-Polynesien,
Tahiti, Samoa, Tonga**
200 Seiten mit 165 Farbfotos
auf 110 Farbbildseiten. Linson.
Großformat
ISBN 3-7243-0275-4

C. Bette-Wenngatz/O. Baumli
**SÜDFRANKREICH mit
CÔTE D'AZUR und MONACO**
168 Seiten mit 140 Farbfotos auf
86 Farbbilds. 20 SW-Abb. Karte. Lin.
ISBN 3-7243-0311-4

Max Schmid/Ulrich Sacker
KALIFORNIEN
200 Seiten mit 173 Farbfotos auf
110 Farbbildseiten. 10 SW-Abb.
Linson.
Großformat
ISBN 3-7243-0304-1

C. Bette-Wenngatz/C. Prager
ESTLAND LETTLAND LITAUEN
184 Seiten mit 134 Farbfotos auf 96
Farbbildseiten. 2 SW-Abb. Linson.
Großformat
ISBN 3-7243-0294-0

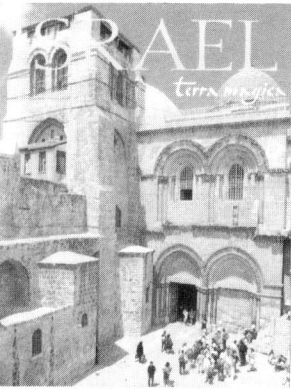

A. Rabinovich, div. Fotografen
ISRAEL Land der Verheißung
280 Seiten mit 202 Farbfotos auf
190 Farbbildseiten. 47 SW-Abb.
Karte. Linson.
Großformat
ISBN 3-7243-0308-4

Alexander Nadler
HONGKONG mit Macao
200 Seiten mit 164 Farbfotos,
auf 110 Farbbildseiten. Linson.
ISBN 3-7243-0252-5

Christian Prager/Peter Höh
**KARIBIK
Große und Kleine Antillen**
168 Seiten mit 153 Farbf. auf 86
Farbbilds. 20 SW-Abb. Linson.
Großformat
ISBN 3-7243-0310-6

Rosanna Kelly/div. Fotografen
RUSSLAND
280 Seiten mit 212 Farbfotos auf
208 Farbbildseiten. 14 SW-Abb.
Großformat
ISBN 3-7243-0300-9

Max Schmidt/Bedrich Rohan
ENGLAND WALES
192 Seiten mit 145 Farbfotos
auf 102 Farbbildseiten. 17 SW-Abb.
Linson.
Großformat
ISBN 3-7243-0307-6

Robert Fleck/Christian Prager
PARIS – die sinnliche Weltstadt
168 Seiten mit 143 Farbfotos auf
86 Farbbildseiten. 44 hist. SW-Abb.
im Text. Linson.
ISBN 3-7243-0307-6

Max Schmid/Bedrich Rohan
LONDON
168 Seiten mit 125 Farbfotos
auf 86 Farbbildseiten. 31 historische
SW-Abb. Linson.
Großformat
ISBN 3-7243-0296-7

Die *terra magica* Weltreise geht weiter . . . in Ihrer Buchhandlung!

In Paris ist auch Häßliches sinnlich. «Der Walzer» vom wohl typischsten
Pariser Maler des 19. Jh.: Henri Marie Raymond de Toulouse-Lautrec (1864 – 1901)

Fotos: Christian Prager
Text: Robert Fleck
Umschlaggestaltung: Wolfgang Heinzel

© 1995 by Reich Verlag AG/terra magica Luzern, Switzerland

Alle Rechte vorbehalten

Printed in Spain/EU

ISBN 3-7243-0307-6

Die Schwarzweiß-Abbildungen verdanken wir der Bibliothèque de France, Lion's Art,
der Zentralbibliothek Luzern und der Schweizerischen Landesbibliothek.

(Legenden zu den SW-Abbildungen: Verlag)

terra magica ist seit 1948 eine international geschützte Handelsmarke
und ein eingetragenes Warenzeichen.

Auch das ist Paris: Unmittelbar neben dem Vorzeigeviertel postmoderner Architektur, der Trabantenstadt Marne-La-Vallée, erstreckt sich Brachland. Wenige Kilometer weiter sprüht das «Disneyland Paris» seine Attraktionen in den Himmel. Zwischen beiden Welten leben die «Banlieusards», jene zehn Millionen Personen, die Paris nur während der Bürozeiten nach einer Anreisezeit von einer und zwei Stunden morgens und abends erleben

Nächste Doppelseite: Blick auf den Eiffelturm bei Nacht und die vielen bis zwei Uhr früh angezündeten Lichter. Eine wirkliche Nacht mit dem Anhalten der Aktivität in den verschiedenen Stadtvierteln kennt Paris nicht. Auch zwischen zwei und fünf Uhr kann man da wirkliche Verkehrsstaus antreffen